THE URBAN SKETCHING HANDBOOK

어반 스케치 핸드북 – 태블릿 드로잉

어반 스케치 핸드북
태블릿 드로잉

초판 1쇄 발행 2020년 10월 05일

지은이　우마 켈커
옮긴이　허보미
발행인　백남기
발행처　도서출판 이종
출판등록　제 313-1991-16호
주소　서울시 마포구 양화로3길 49 2층
전화　02-701-1353
팩스　02-701-1354

책임편집　백명하
편집　권은주
표지 디자인　오수연
디자인　박재영
마케팅　신상섭 이현신

ISBN　978-89-7929-307-4
　　　978-89-7929-309-8 (14650)(Set)

© 2020 Quarto Publishing Group USA Inc.
Text © 2020 Uma Kelkar
Illustrations © individual artists

Korean translation copyright © 2020 by EJONG Publishing Co.
Korean translation rights arranged with Quarto Publishing Plc.
through EYA(Eric Yang Agency).

이 책의 한국어판 저작권은 EYA(에릭양 에이전시)를 통한 Quarto Publishing Plc.사와의
독점계약으로 한국어 판권을 '도서출판 이종'이 소유합니다.
저작권법에 의하여 한국 내에서 보호를 받는 저작물이므로 무단전재와 복제를 금합니다.

「이 도서의 국립중앙도서관 출판예정도서목록(CIP)은 서지정보유통지원시스템 홈페이지(http://seoji.nl.go.kr)와
국가자료종합목록시스템(http://www.nl.go.kr/kolisnet)에서 이용하실 수 있습니다. (CIP제어번호 : CIP2020014394)」

미술을 읽다, 도서출판 이종

WEB　www.ejong.co.kr
BLOG　ejongcokr.blog.me
FACEBOOK　facebook.com/artEJONG
INSTAGRAM　instagram.com/artejong

THE URBAN SKETCHING HANDBOOK

어반 스케치 핸드북 – 태블릿 드로잉
현장 디지털 드로잉을 정복하는 쉬운 방법

우마 켈커

이 책에 관하여

어반 스케치 핸드북 시리즈는 건물과 인물 드로잉, 원근법과 채색법에 이르기까지 다양한 주제를 다루며 발전해왔습니다. 어반 스케처들 덕분에 스케치라는 작업이 다시금 유행을 선도하는 활동으로 자리매김했고, 시리즈 책들은 전 세계의 많은 독자들에게 드로잉 비법과 팁을 전달하고 있습니다. 새로운 스케치 방식을 탐구할 뿐만 아니라 빠르게 변하는 세상에서 자신만의 속도를 찾도록 방향성을 제시하는 팔로워들과 열렬한 지지자들이 참여하면서 어반 스케치는 하나의 운동으로까지 발전하고 있습니다.

태블릿은 강력한 예술매체입니다. 그리고 우리가 세상을 기록하고 보여주는 방식은 변화하고 있습니다. 디지털 스케치가 스튜디오에서 대형 데스크탑과 값비싼 트랙패드를 이용해 드로잉하는 것을 의미하는 시대는 지난 것이죠. 하지만 새로운 매체를 사용하면서 이제 우리는 경험해보지 못한 두려움과 장애물을 마주하고 있습니다. 태블릿 드로잉도 한계점이 없지는 않지만, 숨겨진 기회와 누구나 시도할 수 있는 새로운 스케치 방식을 제공합니다. 이 책은 태블릿 드로잉의 어려움을 모두 극복하고, 야외에서 드로잉하는 즐거움을 독자들과 나누고 싶어 하는 디지털 스케처들의 다양한 작업방식을 담고 있습니다.

CONTENTS

이 책에 관하여 · 04
들어가며 · 07

URBAN SKETCH KEY

KEY 1 꼭 필요한 디바이스 · 09
KEY 2 디지털 드로잉 시작하기 · · · · · · · · · · · · · · · · · · · 21
KEY 3 레이어가 전부 · 41
KEY 4 파고들기 · 55
KEY 5 도구 활용하기 · 73

GALLERY

1 실내 도시풍경 · 86
2 야외 도시풍경 · 90
3 풍경화 · 100

참여 작가 · 110
감사의 말씀 · 111
작가 소개 · 112

ⓒ 우마 켈커

시카고
프로크리에이트

들어가며

2009년부터 일주일에 한 번씩 스케치를 하기 시작했습니다. 얼마 지나지 않아 스케치에 더해 페인팅까지 하게 됐습니다. 시간이 갈수록 스케치와 페인팅에 대한 집착이 커졌고, 일주일에 두세 번으로 빈도를 높이게 됐습니다. 또한 작업을 공유하면 할수록 더 많은 스케치 스타일과 기법을 볼 수 있었죠. 일러스트레이터가 사용하는 도구들은 보통 소프트웨어나 하드웨어에 투입되는 초기 투자비용이 매우 많기 때문에 야외에서 스케치하는데 한계가 있었습니다. 하지만 휴대하면서 작업할 수 있는 태블릿이 등장하면서 이런 한계점이 부분적으로나마 해결됐습니다.

이 책이 매개역할을 할 수 있기를 바랍니다. 새로운 예술도구를 제시하고 그 도구의 매력을 알리는 것이 목표입니다. 이 책은 어반 스케치 핸드북의 다른 시리즈와는 달리 드로잉 방법을 알려주지 않으며 설명서도 아닙니다. 오히려 하나로 완성되는 다양한 아이디어와 영감의 커닝페이퍼라고 할 수 있죠. 기존에 사용했던 도구들을 (특히 전통적인 매체를 주로 사용하고 있는 예술가라면) 배제하지 않으면서도 우리가 활용할 수 있는 도구의 범위를 확장시킬 수 있다는 점을 알려주고 싶습니다.

이 책은 크기는 작지만 그 어떤 것보다 많은 종류의 예술도구를 내장하고 있는 디지털 디바이스를 통해 스케치 입문자에게 그림여행을 시작하는 방법을 소개합니다. 책 전반에는 태블릿 드로잉에 필요한 여러 소프트웨어 툴과 함께 개인적인 드로잉 방법, 그리고 꾸준히 발전시켜온 필자만의 비법과 철학이 담겨있습니다.. 이러한 개인적인 설명을 있는 그대로 수용해도 되지만, 각자에게 맞는 고유한 방식으로 받아들여도 좋을 겁니다. 사람들은 스스로가 설정해놓은 목표를 이루기 위해 원하는 방향으로 도구를 사용할 수 있고, 마찬가지로 이 책도 독자에게 하나의 도구이자 발판이 될 수 있기를 바랍니다.

인간이 동굴 벽이나 바위 등 고정된 매체가 아니라 종이나 천과 같이 휴대가 가능한 소재에 그림을 그리게 되면서 2차원의 재현예술은 전환점을 맞이했습니다. 우리는 이제 휴대할 수 있는 캔버스와 무한한 색채의 다양한 혼합 매체를 활용해 드로잉 할 수 있습니다. 이것이 바로 예술의 접근성을 높이는 제2의 전환점입니다. 그리고 당신 또한 이 중대한 변화 속에 서있습니다.

ᯓ 우마 켈커
풍요의 빛(Glow of Abundance)
프로크리에이트

URBAN SKETCH KEY 1

꼭 필요한 디바이스

새로 장만한 태블릿을 이용해 그림을 그려볼 기대로 가득 찬 당신이라면, 이번 챕터는 건너뛰어도 좋습니다. 당장 21쪽의 "디지털 드로잉 시작하기" 챕터를 펴고 드로잉을 시작해보세요. 며칠 동안 태블릿 디바이스를 가지고 놀며 익숙해진 다음 이 챕터로 다시 돌아오면 됩니다.

감압식 스타일러스 펜은 태블릿 드로잉의 판을 뒤집었습니다. 모바일 태블릿과 다양한 드로잉 어플은 2010년부터 꾸준히 출시됐습니다. 저는 최신 제품이나 기술을 확인하기 위해 여러 제조사의 매장을 방문했고, 그때마다 미끌미끌한 스크린과 터치감이 부족한 스타일러스 펜에 실망했던 기억이 있습니다. 하지만 2017년 4월을 기점으로 모든 것이 바뀌었습니다. 애플펜슬이 출시된 거죠. 처음 드로잉을 테스트했을 때 애플펜슬이 필압에 그대로 반응하던 그 순간을 아직도 기억합니다. 이후로 디바이스와 스타일러스에 대한 생각이 달라졌습니다. 몇 분 만에 테스트를 마치고 매장을 나왔을 때, 손에는 이미 생애 첫 태블릿 디바이스와 애플펜슬이 들려있었습니다. 사용한 지 일주일 정도가 되니 미끄럽던 기기들에 놀랍도록 익숙해졌습니다.

◐ 돈 로우

택시를 기다리며
(Waiting for Her Ride)
프로크리에이트

태블릿을 활용하면 밤이나 어두운 환경에서 스케치할 수 있습니다. 타인과 함께 사용하는 공간에서 드로잉을 한다면 화면 밝기로 피해가 가지 않도록 유의하세요.

태블릿 드로잉의 시작

마이크로소프트, 구글, 애플, 삼성은 윈도우, 안드로이드, iOS 등 다양한 운영체제의 태블릿을 생산합니다. 이러한 운영체제에 적합한 드로잉 어플들도 시장에 많이 나와 있죠.

대부분의 어플이 모든 운영체제와 호환되지만 (지금 이 글을 쓰고 있는 시점 기준으로) 특정 운영체제에서만 작동하는 일부 어플도 있습니다. 최신 소프트웨어와 디바이스 출시를 실시간으로 따라갈 수 있는 책은 없기 때문에 이 책은 태블릿 드로잉에 입문하는 사람들이 공통으로 갖는 문제나 걸림돌에 초점을 맞추고 있습니다.

거의 모든 어플이 손바닥 오인식이나 필압에 반응하지 못하던 디지털 스케치의 초기 문제점들은 해결했습니다. 손바닥 오인식 문제는 태블릿을 사용할 때 손가락이나 스타일러스 펜에만 반응하고 지지하는 손바닥에는 반응하지 않아야 하는 것을 말합니다. 필압 반응은 전통적인 필기도구나 그림 도구를 사용할 때 압력을 강하게 가하면 그 획의 폭이 더 넓어지는 것을 말합니다. 우리는 디지털 어플을 사용할 때도 이와 비슷하게 필압에 따라 선의 굵기가 얇아졌다 굵어질 수 있기를 기대합니다.

드로잉 어플들은 반응속도도 향상시켰습니다. 드로잉 획을 휙 그었는데 그 획이 스크린에 바로 나타나지 않아서 다시 그린 뒤에야 이전 획이 나타나던 때를 회상해보세요. 우리는 이러한 지연성 때문에 불필요하게 반복했던 작업을 실행 취소하면서 시간을 소모해야 했습니다. 섬세한 터치가 필요한 작업 시 특히 답답한 부분이었습니다.

글 작성 시기를 기준으로 사용가능한 어플들을 정리한 표를 다음 페이지에서 확인할 수 있습니다.

	운영체제	가격	사용 난이도	기능	벡터 드로잉
프로크리에이트 (Procreate)	iOS	유료	상		X
타야수이 스케치 (Tayasui Sketches)	iOS, 안드로이드, 윈도우	무료	상		X
페이퍼 바이 위트랜스퍼 (Paper by WeTransfer)	iOS, 안드로이드, 윈도우	무료	중	색 혼합 도구가 차별화 요소	X
젠 브러시2 (Zen Brush2)	iOS, 안드로이드, 윈도우	유료	상	다른 보통의 스케치 앱과 달리 명상하며 그리게 하는 강력한 어플	X
어도비 일러스트레이터 드로우 (Adobe Illustrator Draw)	iOS, 안드로이드, 윈도우	무료	중	클라우드 통합, 다른 어도비 도구로 작업	O
어도비 포토샵 스케치 (Adobe Photoshop Sketch)	iOS, 안드로이드	무료	중	클라우드 통합, 다른 어도비 도구로 작업	
어피니티 디자이너 (Affinity Designer)	iOS, 안드로이드, 윈도우	유료	중	태블릿과 컴퓨터로 작업	O
아트레이지 (ArtRage)	iOS, 안드로이드, 윈도우	유료	중	유화가 가장 좋음	X
픽셀메이터 (Pixelmator)	iOS	유료	중	태블릿과 맥 컴퓨터로 작업	X
오토데스크 스케치북 (Autodesk Sketchbook)	iOS, 안드로이드, 윈도우	무료	중		O
메디방(MediBang)	iOS, 안드로이드, 윈도우	무료	중	클라우드 저장, 만화 원고와 만화 서체 창작	X

2019년 초 기준 이플 현황.
물론 더 많은 어플이 있지만, 이 책의 목표에 맞게
일반적으로 널리 사용되는 어플에 집중하고자 합니다.

미끄러운 스크린

태블릿으로 드로잉하려면 우리의 두뇌를 새로운 디바이스에 적응시켜야 합니다. 필자의 경우 1주 정도 태블릿 드로잉을 쉬면 2시간 정도의 적응시간이 필요합니다. 요지는 미끄러운 스크린에 적응하기까지 어느 정도 인내심을 가져야 한다는 뜻입니다. 하루에 한 시간씩 반복적으로 사용하다보면 3일 안에 화면의 미끄러움을 인식하지 않게 될 겁니다. 미끈거리는 화면에 익숙해졌다고 해도 스크린에 필름을 부착하면 보다 더 편하게 드로잉 할 수 있습니다. 필름을 활용하면 종이와 같은 느낌을 주는 것에 더해 햇빛이 비추는 곳이나 조명 아래서 작업할 때 화면 빛 반사도 줄여주죠. 스크린 지문방지 기능은 덤입니다. 하지만 화면 밝기가 줄어들 수 있다는 점에 유의하세요. (최신 종이필름을 찾는다면, 인터넷에 "종이 질감 필름" 이라고 검색해보세요.)

자리 잡기

시장에는 다양한 크기의 태블릿이 있습니다. 아이패드 미니는 서서 작업할 때나 사람들이 많은 박물관에서 그림을 그릴 때 쉽게 휴대할 수 있죠. 이보다 큰 태블릿을 사용할 때는 팔이 피로하지 않도록 앉아서 작업하거나 태블릿을 받치고 있는 팔을 기댈 수 있는 지지대를 찾는 것이 좋습니다. 태블릿은 휴대성이 매우 뛰어나지만 항상 들고 있어야 한다는 점을 기억해야 합니다. 즉 태블릿으로 드로잉 할 때도 스케치북에 드로잉 할 때와 비슷한 자세를 취할 수밖에 없다는 뜻이죠. 그렇기 때문에 나도 모르는 사이에 구부정한 자세로 작업할 수 있다는 점을 항상 유념해야 합니다. 보통 작업 시뿐만 아니라 특히 간이의자에 앉아 야외에서 작업할 때는 더욱 규칙적으로 휴식을 취해야 합니다. 실내에서 작업할 때는 태블릿을 사무실 키보드 정도의 위치로 조절하고, 허리를 편안하게 지지해주는 의자를 활용하는 것이 좋습니다.

↻ **스티브 크라펙**

스티브는 현장에서 드로잉 할 때 이젤을 활용합니다. 이렇게 하면 구부정한 자세로 작업하지 않아도 될뿐더러 햇빛 때문에 생기는 화면 빛 반사를 줄이도록 아이패드 각도를 조정할 수 있죠.

↻ 우마는 스케치북에 드로잉 할 때 취할법한 자세로 난간 한쪽에 태블릿을 올려두고 작업합니다.

저장

태블릿으로 작업하는 예술가들은 물리적 공간에 작품을 보관할 방법을 걱정하지는 않아도 되지만, 평상시나 또는 작품 제작에 사용했던 디바이스의 수명이 다하더라도 과거의 작품을 저장하려면 백업을 해두어야 합니다. 이 책은 작업을 단계별로 알려주는 설명서는 아니기 때문에 각자가 사용하고 있는 어플에 맞는 클라우드 저장 서비스를 찾아보는 것이 좋습니다. 사진 저장 사이트나 클라우드에 작품을 업로드하는 것을 강력히 추천합니다.

태블릿 충전하기

가방에 종이, 도구들, 색연필, 여분 잉크 등을 모두 챙길 필요 없이 충전된 태블릿만 있으면 바로 드로잉을 할 수 있습니다. 저는 매일 출근하기 전에 가지고 나갈 핸드폰을 챙겨두는 곳에 밤마다 모든 디바이스들을 충전시켜두는 습관을 가지고 있습니다. 또한 항상 핸드폰을 지니고 다니듯이 습관적으로 아이패드를 가지고 다닙니다. 이렇게 하면 이동 중에 드로잉을 하고 싶은 순간마다 놓치지 않고 작업할 수 있습니다.

배터리 수명 때문에 디바이스를 사용할 수 있는 시간은 한정되어 있고, 특히 태양이 내리쬐는 곳에서 밝기를 높여 사용해야할 경우에는 더욱 그렇죠. 태블릿으로 더 오래 드로잉하려면 그늘진 곳이나 빛을 등지고 태블릿을 사용할 수 있는 장소를 찾아야 합니다. 태블릿만 가지고 작업하는 아티스트들은 보조 배터리나 충전기를 따로 챙기는 것이 좋습니다. 다행히 충전 속도도 지속적으로 빨라지고 있고, 잠시 쉬는 동안 태블릿을 충전해 두면 금방 다시 사용할 수 있을 정도로 기술이 발달했습니다. 자동차로 이동하는 사람이라면 보조 배터리를 차에 휴대하고 다니는 것도 가방의 무게를 줄일 수 있는 방법입니다. 대부분의 자동차에는 USB 충전 단자가 있기 때문에 이를 사용해서 보조 배터리나 태블릿을 번갈아가며 충전할 수 있습니다. 태블릿을 완충하려면 용량이 10,000 mAh 이상인 보조배터리를 사용해야 합니다. 보조 배터리는 여행 시 위탁수하물로는 보낼 수 없다는 점도 기억하세요.

태블릿 휴대하기

얇은 태블릿 하나로 작업실의 온갖 물감과 그림도구를 통째로 휴대하는 효과를 볼 수 있지만, 태블릿을 떨어뜨리기라도 하는 날에는 그 작업실 전체를 잃어버리게 되는 겁니다. 이 때문에 태블릿 거치대나 케이스는 필수입니다. 케이스 부착으로 태블릿이 무거워지더라도 감수할만한 정도죠. 개인적으로는 드로잉 작업 시 회전이 가능한 거치대를 선호하는 편입니다. 키보드 일체형 태블릿이라면 케이스를 벗기지 않고도 키보드를 고정시켜 다른 용도로도 활용할 수 있는 케이스를 선택하는 것이 좋습니다.

Key I 꼭 필요한 디바이스 | 15

🎧 롭 스케처맨

롭은 어떠한 기상조건에도 드로잉 할 수 있는 만반의 준비를 갖추고 있습니다. 간이의자? 태블릿 거치대? 모두 챙겼죠. 그늘이 없는 곳에서도 스케치를 하고 있습니다. 특히 작업할 수 있는 시간을 늘리기 위해 태블릿을 충전기에 연결해둔 모습도 확인해보세요.

어디에서 태블릿 드로잉을 시작해야 할까?

스케치를 할 수 있었던 모든 곳, 그리고 스케치를 할 수 없다고 생각했던 그보다 더 많은 장소에서! 어디서든 스케치를 시작해보세요.

↻ 가비 캄파나리오
차량 등록을 기다리며(Waiting at the DMV)
프로크리에이트

Key I 꼭 필요한 디바이스 | 17

◐ 파트리샤 게이니

뉴욕 스케처들과 타임스스퀘어에서
(Times Square with NYC Sketchers)
프로크리에이트

◑ 폴 히스톤

리스본에서 필라델피아로
(Lisbon to Philly)
프로크리에이트

🎧 가비 캄파나리오

다리 아래서(Under the Bridge)
프로크리에이트

가비는 볼일을 보거나 출퇴근하는 틈틈이 작업합니다.

🎧 롭 스케처맨

애플 신작 발표행사 라이브 스케치
(Live sketching Apple at the Launch)
프로크리에이트

🎧 호세 P. 유리나

레이크스미술관(Rijksmuseum)
프로크리에이트

거리의 구석이나 모퉁이에서는 언제든 스케치할 수 있었지만, 미술관 안에서도 할 수 있었을까요? 이제는 가능합니다!

🎧 우마 켈커

잡동사니(Jumble of Things)
프로크리에이트

URBAN SKETCH KEY 2
디지털 드로잉 시작하기

새 매체는 창의적 만족감을 얻고 한계를 극복하는 기발한 방법을 알려주기도 하지만, 동시에 전에 없던 두려움을 수반합니다. 이 책을 통해 새로운 도구에 익숙해지고 이를 통해 달성할 수 있는 결과들을 보여줌으로써 갑자기 맞닥뜨리게 되는 두려움을 해결할 수 있을 겁니다.

저에게 예술이란 균형을 잡아주는 도구입니다. 육아나 여행, 일, 설상가상으로 덮치는 응급상황으로 지칠 때마다 예술은 제값을 톡톡히 합니다. 이렇게 고된 하루들이야말로 드로잉과 페인팅이 필요한 날이기 때문입니다. 그러나 늦은 저녁 물감을 세팅하고 아이들이 깨기 전까지 깨끗이 정리해야 한다는 생각만하면, 저에게 새로운 원동력이 되어주는 이러한 예술 활동을 시작하기가 어려웠던 것도 사실입니다.

↻ 우마 켈커
에어비앤비 스케치(Airbnb Sketching)
프로크리에이트

태블릿 드로잉이 등장하면서 물감을 사용하다 침대에 쏟거나, 작업이 끝나면 치워야 한다는 걱정을 하지 않아도 온갖 컬러를 사용할 수 있게 됐습니다. 바쁜 날 회의 사이 잠깐 10분이나 누군가를 데리러가서 기다리는 동안 드로잉을 준비하고 색칠하는 작업은 현실적으로 불가능합니다. 하지만 태블릿만 있으면 이렇게 10분의 짬이 생길 때마다 계속해서 드로잉하고 화면을 구성할 수 있습니다. 태블릿을 활용하면 얼마 전에 작업했던 드로잉 북을 제대로 들고 나왔는지 등을 걱정하지 않으면서도 작업 중인 다양한 미완성 스케치를 발전시켜 나갈 수 있습니다. 필자와 같이 바쁜 하루를 보내는 사람들은 외출 준비 시간을 줄이려면 태블릿을 미리 충전해두는 것이 좋습니다.

전통적인 매체가 디지털 매체를 완벽히 대체할 수 없듯 태블릿도 전통적인 매체를 대신하는 도구가 아닙니다. 일단 태블릿의 강점을 알게 되면 라이프 스타일에 맞게 언제, 어디서, 어떻게 디바이스를 활용할지 결정할 수 있습니다. 저는 여전히 전통적인 매체를 활용한 작업을 꾸준히 하고 있으며, 휴대가 가능한 태블릿이라는 디지털 매체 또한 사용하고 있기 때문에 보다 경쟁력 있는 예술가로 발전하고 있습니다. 73쪽의 "도구 활용하기" 챕터는 전통적인 매체를 사용하는 프로젝트를 시작할 때 태블릿을 활용할 수 있는 방법에 대해 다루고 있습니다. 태블릿 드로잉에 능숙한 예술가라면 매우 흥미로운 내용일 겁니다.

사용한 어플

이 책은 설명서가 아닙니다. 오히려 하나로 완성되는 다양한 아이디어와 영감의 커닝페이퍼라고 할 수 있습니다. 새로운 어플들이 빠르게 개발되기 때문에, 모든 어플의 기술적인 세부사항에 대해 책을 쓰는 것은 어렵고, 합리적이지도 않을 뿐만 아니라 디지털 드로잉의 접근성을 높이고자하는 취지에도 어긋납니다. 이 때문에 책에서는 '프로크리에이트'와 '아트레이지'를 사용한 사례를 주로 다룰 예정입니다. '스케치업'이나 '페이퍼 바이 53', '어도비 일러스트레이터 드로우', '아트플로우' 등 다른 어플도 사용해보았지만 주요 개념들은 모두 비슷하다는 점을 확인했습니다. 어플 내 버튼의 위치나 기능사용의 난이도, 도구의 개별 명칭 등은 조금씩 차이가 있을 수 있습니다. 이 책에서는 프로크리에이트 어플의 "새로운 캔버스"를 기준으로 다음의 실행 용어들을 사용할 예정입니다.

🎧 우마 켈커

로테르담에서의 저녁식사(Dinner in Rotterdam)
프로크리에이트

🎧 우마 켈커

공항 인파(Airport Throng)
프로크리에이트

어플 용어

프로크리에이트 용어	브러시+지우기 (Brush)+(Erase)	문지르기 (Smudge)	레이어 (Layers)	알파 채널 잠금 (Alpha Lock)	블렌드 모드 (Blend Mode)	팔레트 (Palette)
다른 어플은 유사한 기능에 대해 다음의 용어를 사용할 수 있습니다.	브러시와 지우개의 도구 기호*	블러(Blur)	레이어는 대체로 레이어라고 쓰입니다.	락 트랜스패런시 (Lock Transparency)	레이어 옵션 (Layer Options)	샘플 (Sample)

여러 스케치 아이디어를 활용할 수 있도록 현재 인기 있는 어플의 용어를 표로 정리해 보았습니다.

* 어플들에 대해 조사했을 때, 나이가 어린 사람들은 연필 끝에 달린 지우개만 봐왔기 때문에 지우개 기호를 못 알아봤습니다. 지우개 기호를 모르는 나이 어린 예술가들에게 이 기호가 지우개를 뜻한다는 것을 알려주세요.

❶ 프로크리에이트는 단연코 가장 인기 있는 드로잉 어플입니다. 강력하고 사용하기가 쉽습니다. 유일한 단점은 iOS 운영체제에서만 작동한다는 겁니다. 그러나 프로크리에이트의 사용률이 어반 스케처 커뮤니티 사이 90% 가까이를 차지하고 있으므로, 책에서도 이 어플을 기준으로 설명할 예정입니다.

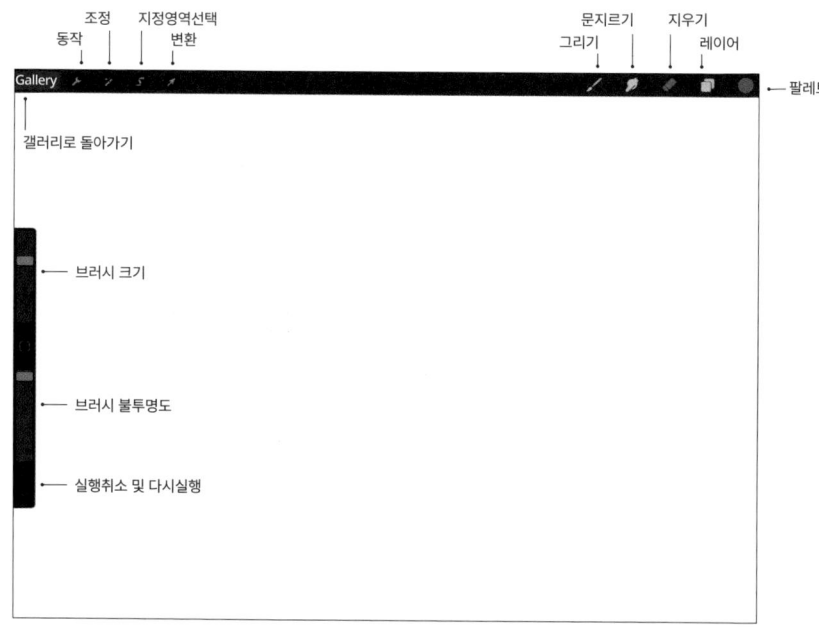

Key 2 디지털 드로잉 시작하기 | 25

🎧 아트레이지는 다재다능한 어플입니다. iOS, 안드로이드, 윈도우 운영체제 모두에서 사용 가능하며 데스크탑 버전도 있습니다.

좌측 상단부터 시계방향으로 모든 버튼을 터치하거나 움직여보세요.
어플의 퍼포먼스에 놀랐나요? 프로크리에이트는 강력하고
다재다능한 툴로 레이아웃을 보면 그 강점을 파악해볼 수 있습니다.
그럼에도 불구하고, '선택을 제한'하는 것이 초보 사용자에게 엄청난
안도감을 줄 수 있습니다. 미리 정해놓은 도구들만 간추려서
사용하고 싶은 전문적인 예술가에게도 유용한 전략이 될 겁니다.

단계별 설명이 필요할 때는 어플 설명서나 사용자 커뮤니티, 그리고
유튜브 영상을 참고하면 됩니다. 개인적인 경험으로 비추어볼 때,
최근에 나온 것일수록 면밀하고 세심한 설명을 제공했습니다.

선택 제한하기

그리기(Paint) 탭을 터치하면, 왼쪽 열에는 브러시 종류가, 오른쪽 열에는 각각의 브러시 모양을 확인할 수 있습니다.

브러시 종류(Set)를 보면 사용가능한 브러시의 특징을 파악해볼 수 있습니다. 터치하여 브러시를 선택해보세요. 프로크리에이트에서는 터치가 실행되면 파란색으로 표시되고, 아트레이지에서는 메뉴에서 해당 부분이 돌출됩니다. 스크린에 자유롭게 선을 그어보세요. 다시 다른 브러시를 선택해서 낙서를 해보세요. 흥미롭기는 하지만, 브러시 선택의 폭이 너무 넓다는 것을 느낄 겁니다.
프로크리에이트에서 새로운 브러시 세트를 만들고, **나의 브러시(My Brushes)**라는 이름으로 저장해보세요. 작업을 시작하기 위해 3가지의 브러시를 나의 브러시에 추가합니다. 사용하다보면 3가지보다 더 많은 브러시를 사용하게 되겠지만, 시작 단계에서는 3가지만으로도 충분합니다.
개인적으로는 **스케치(Sketching)**에서 **6B 연필(6B Pencil)**, **잉크(Inking)**에서 **스튜디오 펜(Studio Pen)**, **서예(Calligraphy)**에서 **분필(Chalk)**, **페인팅(Painting)**에서 **둥근 브러시(Rounded Brush)**를 추가해두고 사용합니다.

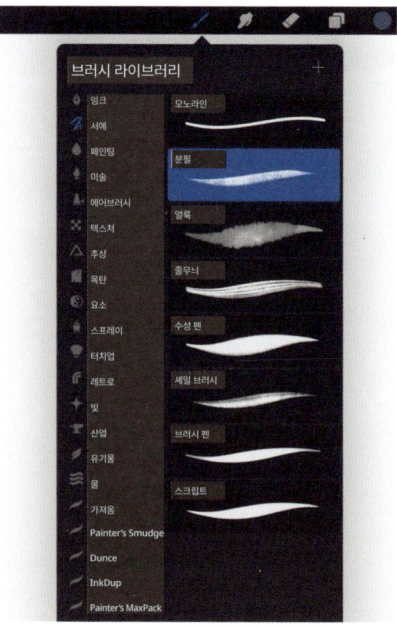 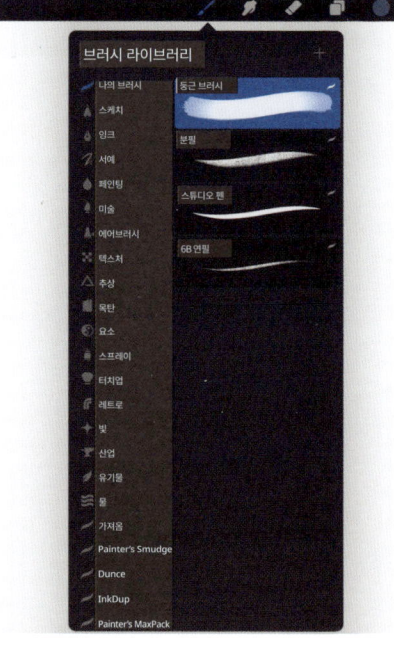

TIP: 프로크리에이트 외에 독자들이 사용할 모든 어플에도 책의 설명을 적용하려면 도구의 선택을 제한하는 것이 임시방편이 될 수 있습니다. 또한 프로크리에이트 사용자가 가장 많기 때문에 이를 기준으로 한다는 점을 다시 한 번 밝히고 싶습니다.

프로크리에이트에 처음 입문했을 때는 모든 브러시 모양을 기억하기가 어려워서 새로운 브러시를 볼 때마다 커닝페이퍼를 만들었습니다. 100가지 이상의 브러시 조합이 가능하기 때문에 처음에는 12가지 정도로 시작해서 드로잉과 페인팅 작업을 전체적으로 커버할 수 있다고 느낀 3가지로 개수를 줄였습니다.

↻ 커닝페이퍼의 수명은 짧지만 중요한 역할을 합니다. 걸음마를 떼는 어린 아이에게 보행기가 필요하듯 커닝페이퍼는 어플을 사용하는데 시각적 참고 자료로 큰 도움이 됩니다. 커닝페이퍼로 브러시 모양을 정리할 때 브러시 이름도 표기해두는 것이 좋습니다. 브러시별로 필압에 따라 선 굵기가 어떻게 달라지는지도 실험해보세요. 그 다음 **특정 브러시가 펜의 기울기에도 반응하는지 확인해보기 위해서 스타일러스 펜을 기울여서 직사각형 모양으로 색을 채워보기도 합니다.**

이제 오른쪽 위의 동그라미 버튼을 터치해보세요. 오른쪽 아래 **팔레트**
(Palettes) 섹션이 보일 겁니다. 팔레트를 터치해서 새로운 팔레트를 만들어
나의 팔레트(My Palette)로 저장하고 기본 값으로 설정해보세요. 다음 왼쪽
아래의 디스크를 터치해보세요. 컬러 휠 아래 아직 선택된 색상들이 없는
나의 팔레트를 확인해볼 수 있을 겁니다. 컬러 휠에서 색상 하나를
선택하고 '나의 팔레트'를 터치해보세요. 개인적으로는 웜톤 계열 2가지와
쿨톤 계열 1가지 이렇게 3가지 색상으로 시작합니다.

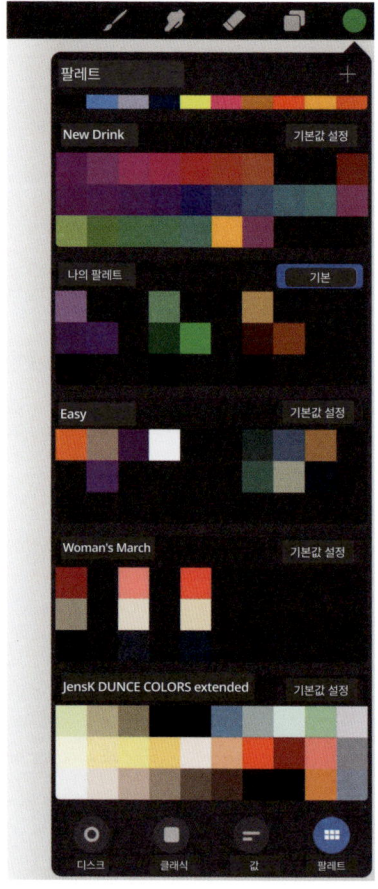

Key 2 디지털 드로잉 시작하기 | 29

🎧 아트레이지는 우측 하단의 **샘플(Samples)** 버튼으로 선택한 컬러들을 확인할 수 있습니다. 또한 드로잉 참고용 사진을 스크린 모서리에 띄워놓을 수 있습니다.

TIP: 브러시나 색상을 선택할 때마다 간추린 선택지 또는 자주 사용하는 선택지를 가지고 있으면 도구를 전환하면서 작업하기가 쉬워 집니다. 서로 조화로운 색감을 사용하려면 컬러 휠 보다는 팔레트에서 색상을 선택하는 게 더 좋습니다.

블러(Blur) 툴을 사용해 선택된 레이어에서 (보통은 현재 작업 중인 레이어에 적용됨) 색을 블렌딩할 수 있습니다. 또한 **지우기 (Erase)**로 선택된 레이어에 (마찬가지로 현재 작업 중인 레이어) 적용된 부분을 지울 수 있습니다.

이러한 도구를 자유롭게 실험하면서 다양한 브러시가 지우기 모드에서 어떻게 적용되는지 확인해보세요. 저는 처음 이 어플을 사용하기 시작했을 때, 브러시 명칭을 기억하기 위해 만들어놓은 커닝페이퍼를 인쇄해서 책상에 붙여놓고 보면서 드로잉했습니다. 3시간 만에 브러시 이름을 모두 기억할 수 있게 됐고 커닝페이퍼가 더 이상 필요하지 않았습니다.

일상의 오브제 드로잉하기

이렇게 구성해놓은 팔레트와 브러시 세트를 활용해서 이제 본격적으로 드로잉을 해보세요. 집 안 또는 근처에 있는 일상적인 물체로 시작하는 것이 좋습니다. 선 드로잉을 통해 여러 브러시에 익숙해질 수 있습니다.

🎧 샤리 블로코프

앨리스(Alice)
프로크리에이트

당신에게도 모델이 되어줄 반려동물이 있나요?

🔄 카비아 샹카르

물병(Water Bottle)
프로크리에이트

태블릿 사용이 익숙해지면, 나만의 특별한 정물로 드로잉 해보세요.

TIP: 프로크리에이트에서 페이지 왼쪽의 상단 슬라이더로 브러시 크기(굵기)를 조정할 수 있습니다. 브러시를 선택한 뒤 슬라이더를 통해 굵은 브러시로 작업하는 것이 편한지 확인해보세요. 세부사항을 그릴 때 브러시 크기를 줄여야 하나요? 만약 당신이 오른손잡이라면, 태블릿을 책상 위에 올려놓고 작업할 때는 왼쪽 엄지손가락으로 슬라이더를 조정하면 됩니다.

Key 2 디지털 드로잉 시작하기 | 31

선 드로잉은 인물을 그릴 때도 유용합니다. 모든 도구가 움직이는 사람들을 포착하기에 적합한 것은 아닙니다. 프로크리에이트를 기준으로 잉크나 스케치 카테고리에 배열된 브러시들이 장면을 빠르게 포착하기에 알맞습니다.

🎧 롭 스케처맨

인물들(Figures)
프로크리에이트

위 예시에서처럼 하얀색 또는 지우기를 활용하여 배낭을 표현할 수 있다는 점에 주목해보세요.

🎧 엔리케 페란도 페레즈

통근하는 사람(Commuter)
프로크리에이트

↪ 엔리케 페란도 페레즈

최소한의 선으로 표현한 인물(Minimal Figure)
프로크리에이트

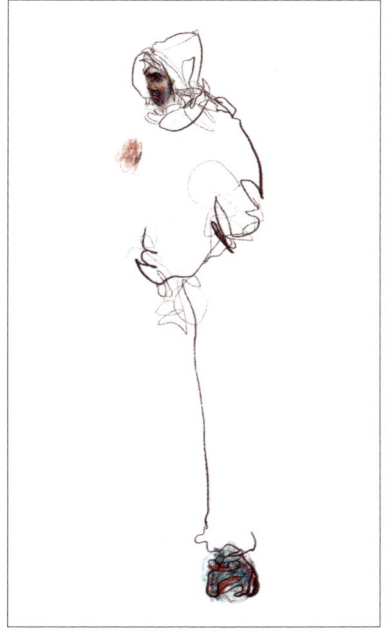

🎧 우마 켈커

인도 주방의 컬렉션(Collection of an Indian Kitchen)
프로크리에이트

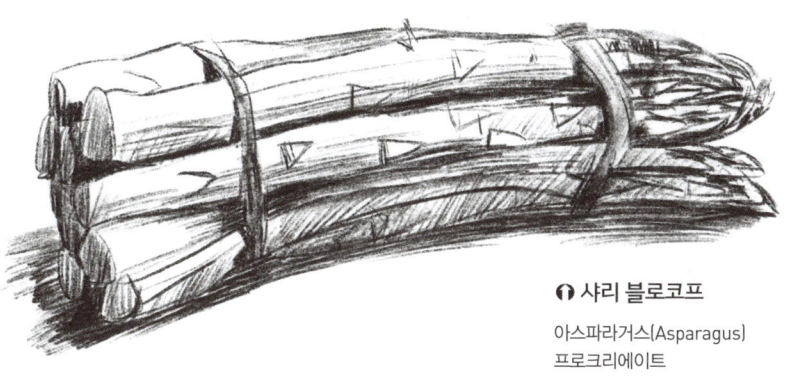

🎧 샤리 블로코프

아스파라거스(Asparagus)
프로크리에이트

☪ 돈 로우

차이나타운 뒷골목(Back Alley, Chinatown)
프로크리에이트

일상적인 사물에서 장면까지, 선 작업만으로도 모든 것을 표현할 수 있습니다.

일상의 오브제 페인팅하기

구아슈 같은 불투명한 매체를 이용해 일상의 오브제를 채색하는 것처럼 태블릿으로도 동일한 표현을 할 수 있습니다. 싱글 레이어에 **구아슈**(Gouache)나 **삼베**(Hemp) 브러시를 사용해보세요.

이 책에서는 선으로 형태를 구성한 다음에 색상을 채워 넣는 (컬러링북에 색을 입힐 때처럼) 작업과는 다른 개념으로 채색이나 형태 구성 작업을 구별하고자 페인팅이라는 용어를 사용합니다. 어반 스케처들의 대다수는 순전히 휴대성 때문에 펜, 잉크와 함께 수채화를 사용합니다. 이러한 대중적인 매체의 장점은 투명성에 있습니다. 즉 맑고 투명한 빛을 발산하는데, 이 부분이 바로 그림 감상자들이 매력적으로 느끼는 포인트입니다. 그러나 구아슈나 유화처럼 투명성을 강조하지 않으면서 불투명한 표현에 더 적합한 매체를 사용해보고 싶다면, 태블릿이 제격입니다.

Key 2 디지털 드로잉 시작하기 | 35

🎧 스티브 산도발

뜨개질 하는 여성(SF Woman Knitting)
프로크리에이트

TIP: 디바이스 하나만으로 수많은 전통 매체와 비슷한 효과를 낼 수 있다는 점 말고도 디지털 드로잉이 선사하는 예술의 자유에는 어떤 것이 있을까요? 일단 한 가지만 짚어보자면, 수채화는 밝은 컬러를 먼저 칠해야 한다는 채색 순서의 제한이 있지만 태블릿 드로잉은 전혀 그럴 필요가 없습니다. 태블릿으로는 이제 가장 어두운 파란색을 듬뿍 칠한 후 밝은 노란색을 칠해도, (컬러 혼합으로) 초록색이 된다던지 색이 탁해지는 등의 현상은 나타나지 않기 때문입니다.

↶ 우마 켈커

샌프란시스코 19번가(19th Avenue, San Francisco)
프로크리에이트

우마와 스티브는 넓은 브러시로 컬러감 있는 형태를 구성합니다. 주황색처럼 밝은 색상이 불투명한 쿨톤 배경에 사용됐을 때 얼마나 신선하게 느껴지는지 확인해보세요.

일상의 오브제에 투명한 표현 넣기

컬러를 추가하는 것은 흥미롭지만, 투명한 표현을 넣어주면 물체에 입체감이 살아납니다. 브러시의 획 속성에서 투명도를 조절하면서 주스가 담긴 유리컵을 어떻게 페인팅할지 생각해보세요. 채색을 반복할 때마다 중첩되는 컬러가 어떻게 변하나요?

TIP: 나의 브러시에 추가해 둔 브러시의 다양한 투명도와 색상 변화를 보여주는 커닝페이퍼를 만들어 보세요.

◑ 우마 켈커

샌프란시스코(San Francisco)
프로크리에이트

⋂ 세브 콜메 다쥬

접이식 의자(Transat)
프로크리에이트

반투명한 색은 그림자를 표현하기에
아주 효과적입니다.

⊂ 파트리샤 게이니

동네 스트립몰(Neighborhood
Strip Mall)
프로크리에이트

야외 장면을 유화나 아크릴, 구아슈
질감과 같은 효과로 표현하려면
투명도를 가장 낮게 하거나 불투명도를
가장 높게 하면 됩니다.

문지르기 툴

목탄과 같은 전통적인 매체를 사용하면 엄지손가락이나 찰필을 활용해 부드러운 문지르기(번짐)나 블러(흐릿하게) 효과를 낼 수 있습니다. 유화는 붓으로 색을 혼합할 수 있습니다. 하지만 딱딱한 연필 자국이나 크레용, 마른 수채화 물감은 어떨까요?

문지르기(Smudge) 툴을 활용하면 채색한지 한참이 지난 뒤에도 질감 표현이나 그러데이션 효과를 넣어줄 수 있습니다. 덕분에 물감이 마르지 않은 상태에서만 색이 혼합되는 수채화도 태블릿을 활용하면 시간적 여유를 가지고 작업할 수 있습니다.

🎧 아난다 아란

흐릿한 다리(Bridge Blur)
프로크리에이트

물체의 가장자리 중 일부를 부드럽게 표현함으로써 작품을 보는 관람객의 시각을 유동적으로 움직일 수 있습니다.

연습

1. 연필, 커피 잔, 꽃병에 담긴 꽃, 거실 가구, 신발을 그려보세요.
2. 신발과 커피 잔, 꽃을 채색해보세요. 유리로 된 물체를 채색할 때 투명한 컬러를 사용하는 것이 더 쉬웠나요? 꽃 밑그림에 활용된 선들을 처리하는 것이 번거로운 작업이었나요?
3. 밖으로 나가 기차역 또는 사람들이 줄 서있을 만한 곳으로 향해보세요. 이때 대부분은 핸드폰만 보고 있기 때문에 좋은 모델이 될 수 있습니다. 집에서는 숙제나 비디오 게임, 독서에 집중하고 있거나 심지어는 아파서 가만히 있는 아이들을 모델삼아 작업하기도 합니다.
4. 마지막 작업으로 그림자를 표현하고 싶은데, 미리 드로잉한 물체 밑으로 그림자 위치를 조정하고 싶다면? 이런 경우 다음 챕터에서 레이어를 활용하는 방법을 살펴보세요.

TIP: 그림을 그리고 있는데 스크린에 아무것도 보이지 않는다면? 이런 경우 실수로 배경색과 같은 색을 브러시 컬러로 설정해 놓은 것은 아닌지 확인해 보세요.

↶ **우마 켈커**

힘든 상황에서 최선을 다하기 (Lemonade out of Lemons)
프로크리에이트

↶ **케이트 바버**

클라우드 게이트(Chicago Bean)
프로크리에이트

두 가지의 브러시와 색상을 지정해둔 팔레트만으로 케이트는 관광명소 전체를 표현해냈습니다.

URBAN SKETCH KEY 3
레이어가 전부

독립된 레이어 또는 다른 속성에 귀속된 레이어를 활용할 수 있는 능력은 디지털 매체를 사용하는데 큰 강점이 됩니다. 독립된 레이어를 갖는다는 것은 어떤 의미일까요?

우리는 이미 전통적인 매체에서 사용되는 레이어에 익숙합니다. 예를 들어 콜라주 작업을 할 때, 밑바탕이 되는 작품 위에 인쇄된 글자들을 붙이게 되는데, 이때 밑바탕의 작품이 하나의 레이어가 되고 그 위에 붙인 글자들이 또 하나의 레이어가 됩니다. 마찬가지로 수채화 작업할 때 물감 한 겹을 입히고 그 위에 또 한 겹을 입히는데, 이러한 작업이 바로 레이어를 생성하는 것을 의미합니다.

디지털 매체로 작업할 때는 위와 같은 첫 번째 물감 터치가 바로 하나의 레이어가 됩니다. 모든 디지털 매체 드로잉에서는 물감이 마르기를 기다릴 필요 없이 레이어를 계속해서 추가할 수 있습니다. 또한 첫 번째 레이어 위에 수많은 레이어를 추가한 뒤라고 해도, 언제든지 처음 레이어를 다시 수정할 수 있습니다.

◐ **휴고 코스타**

평화의 거리(Calle Paz)
어도비 스케치

다른 무엇보다도 선 드로잉과 채색을 각각 다른 레이어로 설정하면, 밑그림을 먼저 그리고 그 다음 채색을 한다고 해도 선 드로잉 아래로 채색 작업이 나타나게 할 수 있습니다.

레이어 활용하기

⊂ **레이어(Layers)** 메뉴를 터치해서 현재 적용된 레이어들을 확인해보세요. 작업 시 레이어의 이름을 각각 다르게 설정해두고 구분하는 것도 도움이 됩니다.

↻ 모든 레이어가 보이게 되면 합성된 그림은 그림을 보는 사람과 그린 사람 눈에 이렇게 보이게 됩니다.

[오른쪽에서 왼쪽으로] 레이어1: 배경색
레이어2: 배경 드로잉 색상
레이어3: 드로잉 레이어; 마지막 이미지

삽화 드로잉과 저널링[1]

이전 챕터에서는 일상적인 오브제를 활용한 드로잉에 대해 살펴봤습니다(39쪽 연습 참조). 이러한 일상의 여러 오브제를 함께 모아놓거나 새롭게 배열해서 흥미로운 작품을 구성할 수도 있습니다. 마찬가지로 한 번에 작업한 여러 이미지를 하나의 집합적인 르포르타주 이미지로 구성할 수 있습니다.

🎧 하나의 컬렉션이 된 일상의 오브제들

저널링(Journaling)이란 스크랩북 만들기나 콜라주와 비슷한 취미를 나타내는 말로 종종 스케치 작업을 동반합니다. 일상의 아이디어나 이벤트 등을 창의적으로 묘사하는 이미지나 글자 등을 모아놓은 공책을 만드는 활동입니다. -옮긴이

아래의 이미지들을 보면, 하루 동안 작업한 스케치로 저널링 페이지를
대신할 수 있다는 점을 확인할 수 있습니다.

➲ 영국 바스에서 제작한
누적 스케치

🎧 스케치1 (레이어1)

🎧 스케치2 (레이어2)

🎧 스케치3 (레이어3)

새 레이어를 추가할 때는 매번 새로운 캔버스에 드로잉 한다는 느낌으로
작업해보세요. 그날에 그렸던 다른 스케치들은 잊고, 이 캔버스에 새롭게 작업을
시작해보는 겁니다. **변환(Transform)** 툴을 활용하거나 레이어 순서를 변경해서 각각의
드로잉 이미지들을 최종 작품에 어떻게 적용할지 결정할 수 있습니다.
더욱 전문적인 결과물을 만들기 위해서는 사용하는 여러 이미지들의 상호작용도
고려해야 하지만, 지금 단계에서는 강력한 개별 스케치들을 조합해서 뛰어난
완성작을 만드는데 집중해보세요.

Key 3 레이어가 전부 | 45

아래의 모노컬러 컬렉션을 통해 레이어가 전반적으로 어떠한 영향을 미치는지 확인해보세요.

🎧 세 겹 레이어 드로잉

🎧 선택 툴을 활용해서 각 레이어의 드로잉을 상, 하, 좌, 우로 이동할 수 있습니다. 한 번 해보세요!

🎧 하나의 레이어를 선택한 뒤 다른 레이어의 위 또는 아래로 옮겨보세요.

🎧 레이어 순서가 바뀐 것이 보이나요? 레이어 위치를 바꾸면 어떤 드로잉을 **맨 위**로 올릴지 결정할 수 있습니다.

배경부터 전경 순으로 그리는 전통적인 방법으로 작업할 때는 레이어의 위치 설정이 특히 중요합니다.

전통적인 방식으로 드로잉과 페인팅하기

많은 뛰어난 화가들이 배경에서 전경 순으로 작업합니다. 태블릿으로 풍경화를 그릴 때도 레이어를 활용하면 이러한 작업방식이 가능합니다. 하나의 장면을 계획한 뒤 그 장면을 여러 면으로 분할한 다음에는 각각의 레이어를 따로 조정 및 이동하거나 드로잉을 지울 필요 없이 크기를 변경할 수 있어요!

↶ 화면에서 가장 멀리 있는 것에서부터 가까운 것까지 물 흐르듯 배열된 레이어들을 확인해보세요.

↶ 산 뒤의 나무를 움직여 레이어를 이동하려면? 매우 쉬워요. 사실 레이어를 이동하면 어떤 물체를 다른 물체보다 뒤로 가게 할 수 있습니다. 또한 레이어에 배경 채색이나 다른 작업을 실행하더라도 특정 요소를 이러한 변화에 영향 받지 않고, 가장 위로 고정되게 할 수도 있습니다.

Key 3 레이어가 전부 | 47

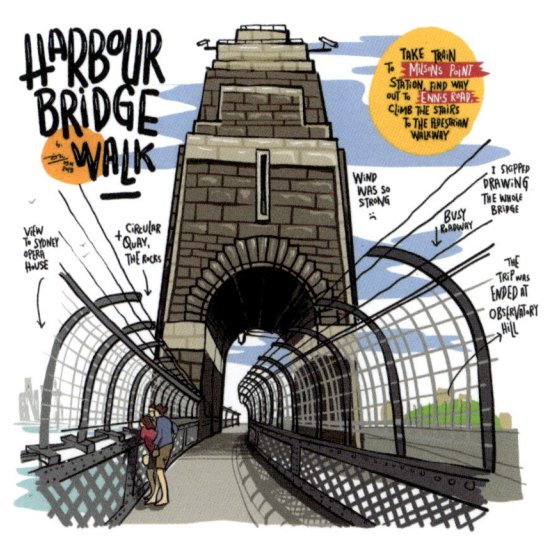

⊂ 무티아라 시닌타

하버 브릿지 산책길(Harbor Bridge Walk)
프로크리에이트

구름을 채색된 형태로 표현했고, 해당 레이어를 아래로 옮겼습니다. 이렇게 하면 구름이 다리 구조물 뒤로 놓이게 됩니다.

♫ 돈 로우

나이트 라이프(Night Life)
프로크리에이트

겔랑(Geylang)의 밤은 굉장히 독특합니다. 가로등이 건물에 노란빛을 비추고 길 위로는 이리저리 움직이는 긴 그림자를 형성합니다. 깜박이는 네온 불빛이 어둑한 벽에 운치를 더합니다. 이 스케치를 완성하기 위해 배경이 되는 레이어를 채색해서 바닥의 톤을 잡는 것을 시작으로 새로운 레이어에 선을 그려 넣었습니다. 이 다음 프로크리에이트에서 선 드로잉 레이어와 배경 레이어 사이에 또 다른 레이어를 추가했습니다. 새로 생성한 이 레이어에 회색 계열의 그림자와 흰색의 빛을 추가로 표현했습니다.

TIP: 상급 사용자라면 레이어의 여러 기능을 활용해서 흥미로운 효과를 만들 수 있습니다. 각 레이어는 단순히 겹겹이 쌓인 불투명한 드로잉이 아닙니다. 레이어의 곱하기 기능으로 색을 조정하거나 밑그림에 귀속된 레이어의 밝기나 색감을 어둡게 만들고, 마스크 기능으로 영역을 지정해 채색을 용이하게 하는 등 여러 기능을 사용할 수 있습니다. 이 외에도 무한하게 많은 옵션이 있습니다. 책 집필 시점을 기준으로 어피니티 디자이너, 프로크리에이트, 아트레이지 어플이 이러한 레이어 기능을 제공하고 있습니다.

🎧 우마 켈커

프로크리에이트 레이어 작업
(Procreate Layer Actions)
프로크리에이트

➲ 우마 켈커

식료품점에서 장보기와 자화상
(Grocery Shopping and Self-Portrait)
프로크리에이트

"서로 영향을 주는 세 겹의 레이어로 작업했어요. 가장 아래 레이어에는 핑크색 깃털의 새를, 가운데 레이어에는 슈퍼마켓에서 작업한 현장 스케치, 그리고 맨 위 레이어에 자화상을 그렸죠."

Key 3 레이어가 전부 | 49

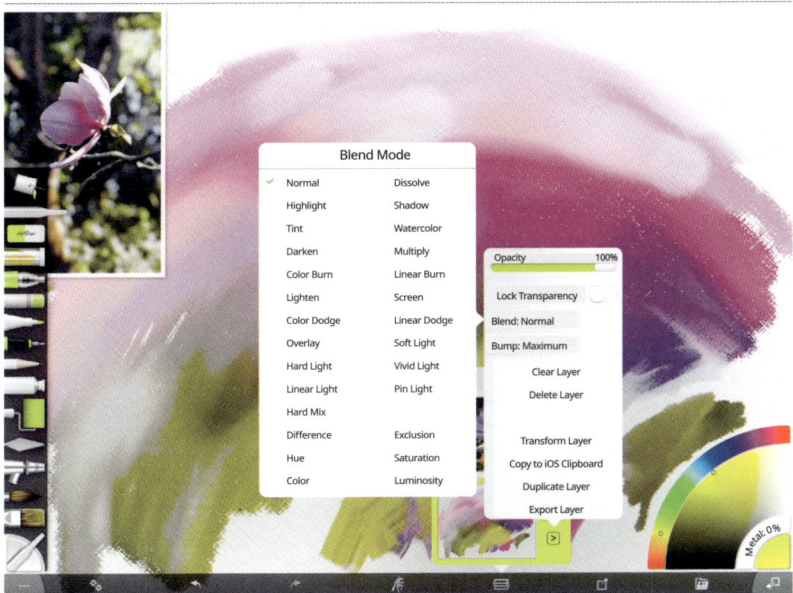

🎧 우마 켈커

아트레이지 레이어 블렌드 옵션(ArtRage Layer Blend Option)
아트레이지

> **TIP:** 일부 어플에서는 레이어를 그룹 지을 수 있습니다. 이렇게 하면 여러 레이어를 한 번에 이동하거나, 화면에 보이게 또는 보이지 않게 할 수 있습니다.

🎧 스티브 산도발

요거트 아이스크림 가게에서 바라본 풍경(View from Yogurt Haven)
프로크리에이트 포켓

> **TIP:** 새로운 캔버스를 열어서 빈 레이어를 여러 겹 만들어 놓고, 레이어 그룹을 설정합니다. '배경, 중경, 전경' 또는 '선 작업, 페인팅, 그림자' 등으로 레이어 이름을 변경하고, 레이어 그룹도 '상위 그룹, 글자 그룹' 등의 이름으로 저장하세요. 이렇게 하면 다음에 새로운 작업을 시작할 때 이렇게 저장해놓은 캔버스를 복사하기만 하면 됩니다. 이름 변경이나 레이어 만들기, 레이어 그룹하기 등에 소요되는 시간을 줄일 수 있습니다.

Key 3 레이어가 전부 | 51

🎧 로버트 라이네

수도원 풍경(Priory Landscape)
프로크리에이트

풍경 레이어 뒤에 에어브러시로 표현된 부드러운 하늘을 담은 작품의 단순함에 이목이 집중됩니다. 해당 이미지에서처럼 레이어를 통해 전경과 배경 사이의 실제 거리감을 나타낼 수도 있습니다.

🎧 우마 켈커

베이커리에서(At the Bakery)
프로크리에이트

이 이미지는 밑그림 드로잉 레이어와 채색 레이어, 그리고 화면에서 가장 위에 놓이는 부분을 그린 레이어 이렇게 세 레이어로 구성되어 있습니다. (이 작업은 세 번째 레이어 부분을 채색 레이어보다 먼저 진행했습니다.)

구름 페인팅하기

프로크리에이트 어플에는 **구름**(Clouds) 브러시가 내장되어 있는데, 가볍고 반투명한 구름을 드로잉 할 때 유용합니다. 수분을 가득 머금은 구름이나 금방이라도 떨어질 것 같은 무거운 구름을 표현할 때는 넓은 스트로크와 강한 질감을 가진 브러시를 활용해 윤곽이 모호하면서 강조된 구름 표현을 완성합니다.

🎧 a

🎧 b

내장된 구름 브러시(a)와 삼베 브러시(b) 사용의 차이점

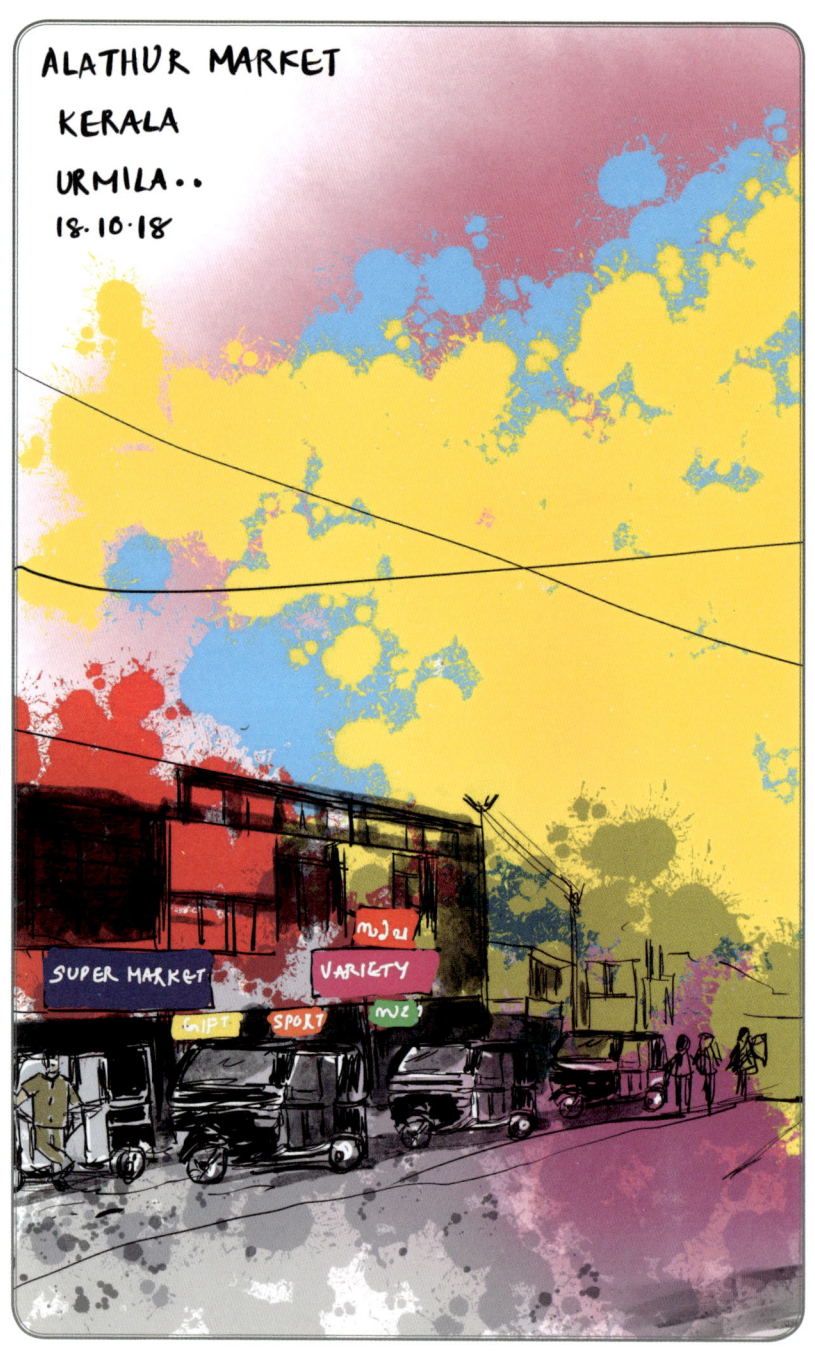

URBAN SKETCH KEY 4

파고들기

태블릿 드로잉의 기본적인 노하우들을 익혔으니 보다 깊숙이 들어가 보세요. 이제 드로잉 속도에 큰 영향을 미치는 두 가지 도구에 집중해볼 시간입니다.

선택 툴

선택(Selection) 툴을 사용하면 캔버스의 특정 영역을 지정해서 드로잉하기/블렌딩하기/지우기 등의 작업을 할 수 있습니다. 일반적으로 형태 바깥쪽까지 컬러가 채색되지 않도록 복잡한 형태를 섬세하게 칠하기 위해 선택 툴을 사용합니다. 지정한 형태를 다른 레이어로 옮길 때 사용하기도 합니다.

↻ 우르밀라 메논

알라투르 마켓(Alathur Market)
프로크리에이트

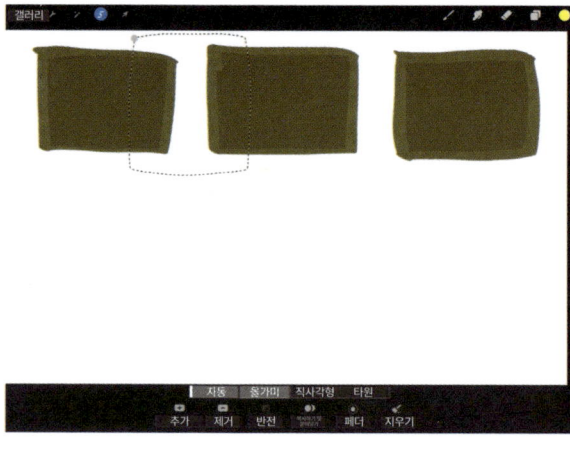

↳ 채우기 툴은 일반적으로 그린 모양만 채색할 수 있게 그림 경계가 필요합니다. 선택 툴을 사용하면 선택한 영역의 윤곽선을 그리지 않고 색을 칠할 수 있습니다. 선택한 영역을 채우면 선택 툴 모드를 종료할 수 있으며 그린 윤곽선이 보이지 않습니다.

🎧 셰일라 R. 푸트리

지하철 승객들(Subway Riders)
프로크리에이트

옷감 위 그림자를 보통 이러한 방식으로 표현하는데, 이렇게 하면 넓은 브러시를 사용해서 세심하게 지정해둔 영역에만 빠르게 색을 입힐 수 있습니다.

↪ 세브 콜메 다쥬

샹띠에 역(Gare des Chantiers)
프로크리에이트

선택 툴을 사용하여 안쪽 사각형을 레이어의 채색할 수 있는 영역으로 지정했습니다. "10분 만에 작업한 드로잉이에요. 배터리가 다 되어가는 아이패드로 계속 작업하기에는 날씨가 너무 추웠어요. 하지만 추운 곳에서 태블릿이 아닌 실제 수채화 작업을 해본 사람은 이게 얼마나 어려운 작업인지 알 거예요. 붓에 묻은 물이 금방 얼어버리기 때문이죠!"

채색에 더해 선택 툴은 드로잉을 섬세하게 지울 때나 질감 표현을 추가할 영역을 지정할 때, 드로잉에서 선택된 부분의 크기를 조정할 때 주로 사용합니다.

세브 콜메 다쥬

11월(Novembre)
프로크리에이트

방향성을 나타내는 빛의 느낌을 표현하기 위해 색채를 얼마나 예민하게 블렌딩 했는지 주목해보세요.
"파리의 마레 지구에서 친구를 기다리는 동안, 문득 담배가 피고 싶어졌어요. 하지만 프랑스에서 11월은 공식적으로 금연의 달(No Tobacco Month)인데다 그때 저는 담배를 끊은 상태였죠. 제겐 두 가지 선택지가 있었어요. 가게에서 담배 한 갑을 사느냐(그림에서 불이 켜진 빨간 당근[2] 간판을 볼 수 있을 거예요.) 아니면 베이커리에서 초콜릿 케이크 한 조각을 사느냐. 다행히도 최종 결정을 내리기 전에 친구가 도착했어요. 기다리는 동안 베이커리를 드로잉 했고, 나중에 담배 가게 간판에 빨간색을 채색하면서 '빨간색=금지' 규칙을 다시 한 번 되새겼어요."

프랑스에서 당근은 담배의 상징으로, TABAC(담배) 간판의 애칭입니다. -옮긴이

> **TIP:** 선택 모드에서 레이어를 추가할 수 있습니다. 새로 생성한 레이어에 형태를 다시 드로잉 할 필요 없이 지정한 영역의 윤곽 안쪽을 채색할 수 있습니다.

투명도 잠금

투명도를 잠근다는 것은 스케치한 형태를 잠가서 그 위에만 채색할 수 있는 기능으로, 세심한 주의를 기울이지 않아도 쉽게 채색할 수 있습니다. 이 기능은 어플마다 명칭이 다른데 책에서는 프로크리에이트에 사용되는 **알파 채널 잠금** (Alpha Lock)이라는 명칭을 사용합니다. 프로크리에이트에서는 선택한 레이어 상에서 두 손가락을 사용해 오른쪽으로 밀면 알파 채널 잠금 모드가 실행됩니다. 이 기능으로 채색이나 문지르기, 지우기 등의 작업이 이전에 그려놓은 형태에만 적용되도록 편집할 수 있습니다.

🎧 a

🎧 b

🎧 a 는 모든 나무 형태가 드로잉 된 레이어입니다. b 는 그 아래의 배경색 레이어를 보여줍니다. c 는 a 를 알파 채널 잠금을 한 뒤 소프트 에어브러시로 작업한 모습입니다. 이렇게 하면 배경 말고 이미 그려져 있던 형태에만 채색이 적용됩니다. d 는 알파 채널 잠금을 활용해 섬세하게 마무리한 모습입니다.

🎧 c

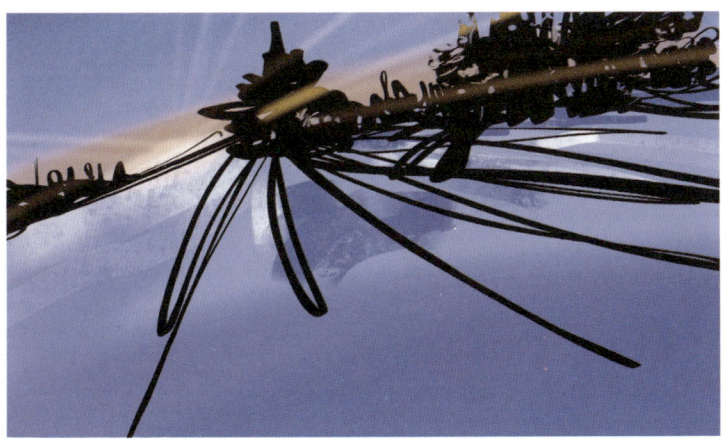

🎧 d

이제는 선택 툴과 알파 채널 잠금 기능을 모두 활용하여 어떤 작업을 할 수 있는지 살펴보세요.

🎧 위의 예시에서는 알파 채널 잠금과 선택 도구 모두 두 개의 직사각형에 윤곽선을 그리지 않고 선택된 직사각형의 부분에만 연노랑의 질감이 나오게 사용되었습니다. 알파 채널 잠금만 사용해도 두 직사각형에 모두 색을 칠할 수 있는 반면, 그 중 일부를 선택하면 스트로크를 조심스럽게 긋지 않고도 빨리 색을 칠할 수 있습니다.

'알파'라는 용어는 불투명도를 제어하는 이미지와 관련한 레거시 용어입니다. 즉 과거에 디지털 이미지는 빨강, 초록, 파랑, 그리고 알파 채널로 된 형식으로 저장됐습니다. 알파 채널은 두 가지 색상이 혼합될 때 픽셀이 렌더링되는 방법을 결정하는데 사용됐습니다.

연습

이미 완성되어 있는 스케치에 연습 삼아 선택 툴로 작업해보세요. 혹시 스케치를 망칠까 걱정된다면, 자기 방을 사진 찍어서 프로크리에이트에 캔버스로 **가져오기**(Import)를 실행한 뒤 선택 툴을 활용해 벽 부분만 지정해보세요. **지정영역선택**(Freehand Selection)이나 **자동 모드**(Automatic) 등을 선택할 수 있으니 둘 다 해보는 것이 좋습니다. 사진에서 모든 벽을 선택한 뒤, 새로운 컬러로 채색해보세요. 보다 현실적으로 표현하고 싶으면 레이어의 불투명도를 조정하거나 이전 챕터에서 배운 레이어 기능 중 **멀티플라이**(Multiply)를 사용하면 됩니다. 선택 툴에서 벽 전체를 자동으로 선택할 수 있는 기능이 있나요? 일부 어플은 이러한 기능을 지원하기 때문에, 터치 한번이나 몇 초만 투자하면 금방 기능을 실험해볼 수 있습니다.

크기 변경과 이동하기

태블릿에 드로잉하면 작업 후에도 구성에 맞게 각 드로잉의 크기를 다시 조정할 수 있습니다. 이를 위해서는 선택 툴을 활용해서 편집하고 싶은 영역을 지정하고, 변환 툴을 활용하여 그 영역을 이동하거나 크기를 변경하면 됩니다. (주의: 아트레이지에서는 레이어 변형은 가능하지만, 현시점 기준으로 레이어 상의 특정 영역을 지정해서 변형하는 것은 불가능합니다.)

🎧 a

🎧 b

🎧 c

가끔은 먼저 인물을 크게 그린(a) 다음, 어림잡아 사이즈를 줄여서(b), 비율이 맞는지 확인해 보는 것(c)이 더 쉬운 방법입니다.

돈 로우

푸드 코트 스케치(Sketching at a Food Court)
프로크리에이트

"프로크리에이트를 활용하면 종이나 펜의 질을 신경 쓰지 않고, 가방에 온갖 재료를 넣어 다니지 않으면서도 빠르게 순간을 포착해 작업할 수 있습니다. 저는 '실행취소' 기능은 거의 사용하지 않습니다. 대신 초기 단계에서 작업이 완전하게 정리되지 않을 때는 종종 크기를 조정합니다. 더 좋은 해결책을 찾는 중이지만, 현재로서는 먼저 캔버스에 어림잡아 표시를 해놓은 다음, 마킹해둔 영역을 확대해서 드로잉을 시작하는 방법을 사용하고 있습니다."

연습

나무 한 그루를 그린 뒤 디지털 드로잉 어플에 있는 레이어 복사 기능을 활용해서 나무로 가득 찬 숲을 드로잉 해보세요. 나무 한 그루를 선택해서 원래 크기의 반이 되도록 사이즈를 줄이고, 캔버스의 여기저기로 옮겨보세요. 알파 채널 잠금을 활용해서 나무 몇 그루를 각각 다른 색으로 칠해보세요. 모든 레이어가 보이도록 레이어 체크 박스를 확인한 뒤 당신만의 숲을 확인해보세요!

그리드 드로잉하기

원근법이 고민이라면, 레이어 밑 부분에 원근법이 적용된 그리드를 삽입해보세요. 드로잉이 끝난 뒤 그리드를 해제하면 됩니다. 또한 프로크리에이트 어플에 내장된 **그리기 가이드**(Drawing Guide)를 활성화시킬 수도 있습니다. 그리기 가이드 툴을 사용하면 당신의 취향대로 다양하게 원근법을 조정 및 적용할 수 있습니다. 개인적으로는 도시 풍경을 그릴 때 2점 투시 그리드가 편합니다.

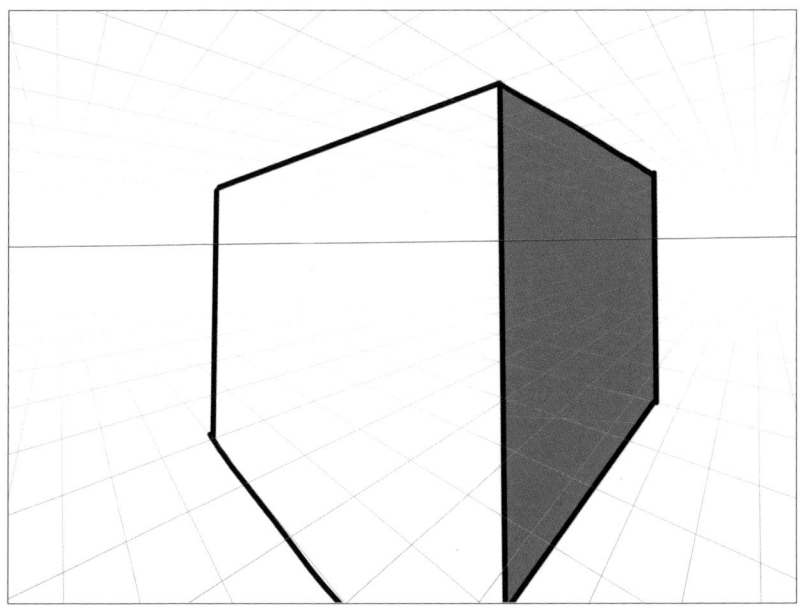

2점 투시 그리드를 사용하여 그린 육면체

폴 히스톤

층을 이루는 투시도(Perspective Superimposed)
프로크리에이트

↻ 폴 히스톤

16번가 커피숍(16th Street Coffee Shop)
프로크리에이트

폴 히스톤은 투시도법 드로잉에 굉장히 능숙해졌기 때문에 더 이상 그리드가 필요하지 않습니다.

"저는 광각 또는 어안(fish eye) 조망 각도 투시도에 대부분 직관적으로 접근해요. 드로잉을 완성한 뒤에 원근법 그리드를 적용해보면 제 접근방식이 얼마나 직감적이고 즉흥적이었는지 알 수 있어요. 심지어 수평선조차도 휘어있죠. 이와 같은 장면을 그릴 때면 전경에서 시작해 뒤쪽으로 향하면서 시계방향으로 작업해요. 이때 소실점이나 정확한 각도 등에 과도하게 집중하지 않으면서도 축척, 비율, 단축법과 같은 중요한 요소를 놓치지 않도록 노력하죠."

↻ 폴 히스톤

덴버 자전거 카페(Denver Bicycle Cafe)
프로크리에이트

브러시 맞춤화하기

작업할 때 손동작을 어떻게 사용하는지 또는 스타일러스 펜이 필압에 어떻게 반응하는지에 따라 다르겠지만, 시간이 지날수록 당신만의 스타일을 반영하는 브러시가 필요하다는 것을 느끼게 될 겁니다. 사람에 따라 끝단처리가 보다 날카로운 브러시를 원할 수 있고, 살짝만 눌러도 넓은 획을 보여주는 브러시나 보다 임의적인 질감 표현이 가능한 브러시를 원할 수 있습니다. 다양한 어플에서 브러시를 맞춤화하는 기능을 제공하고 있고, 이렇게 창작한 전혀 다른 브러시를 온라인상에서 판매하는 작가들도 있습니다. 온라인에서 어플의 새로운 브러시 설정이나 브러시 제작자들에 관한 최신 정보를 확인해보세요.

텍스처

미리 그려놓은 형태에 질감을 부여하면 작품에 현실감을 줄 수 있습니다. 선택 툴과 알파 채널 잠금 기능을 함께 활용하면 아주 쉽고 빠르게 질감을 표현할 수 있습니다. 잠깐 짬을 내서 드로잉 할 때 특히 유용한 방법입니다.

a

Key 4 파고들기 | 67

🎧 b

🎧 c

🎧 d

a는 알파 채널 잠금이 적용된 레이어입니다. b는 질감 표현이 추가된 모습이 보입니다. c는 지정된 영역에만 채색된 모습이, d는 문지르기 표현과 그림자를 표현한 레이어가 추가된 것을 확인할 수 있습니다.

❶ 우르밀라 메논

무제(Untitled)
프로크리에이트

우르밀라는 텍스처 브러시로 형태를 채우는데, 이를 통해 기발한 표현들이 탄생합니다.

❶ 돈 로우

싱가포르 차이나타운
(Chinatown Singapore)
프로크리에이트

🎧 우마 켈커

우마의 스튜디오(Uma's Studio)
프로크리에이트

창문의 무늬를 일일이 손으로 표현하려면 시간이 오래 걸렸을 겁니다. 대신 텍스처 브러시를 이용해 창문에만 질감을 표현하면서 속도가 크게 단축됐습니다.

> **TIP:** 상급 사용자는 자연에 있는 질감을 가져오거나, **마스크**와 **멀티플라이** 기능을 사용해서 드로잉에 질감 표현을 추가하거나, 브러시에 텍스처를 저장할 수도 있습니다. 제공 기능은 어플에 따라 다릅니다.

반사 표현 페인팅하기

드로잉한 레이어를 복제한 뒤, 복제한 레이어를 뒤집고 불투명도를 낮춰보세요. 반사 표현이 어느 정도 뻗어나가느냐에 따라 레이어를 조정하거나 왜곡할 수 있습니다. 잔물결을 표현하려면 내장된 **물**(Water) 브러시보다는 **대양**(Oceans) 브러시(보통 매끄러운 표현에 사용)가 더 효과적입니다.

🎧 a

윗부분의 스케치를 복사해서 뒤집은 모습이 a고,
잔물결을 번지게 표현한 것이 b입니다.

🎧 b

URBAN SKETCH KEY 5
도구 활용하기

이제 손쉽게 사용할 수 있는 도구에 디지털 매체도 포함되었을 겁니다. 당신이 꾸준히 연습하고, 어플이 발전할수록 디지털 도구는 더욱 강력해집니다.

흔히 알고 있는 일반적인 디지털 매체 사용법을 뛰어넘어 보다 다양하게 활용할 수 있는 방법은 없을까요? 저는 요즘 터무니없어 보이는 정도까지 각 도구를 최대치로 끌어올려 활용하는 것에 몰두하고 있습니다. 이는 철학적인 선택과 다름없습니다. 매체의 한계를 이해한 뒤 제가 성장하거나 매체가 성장하거나, 결과가 마음에 들지 않는다면 다시 돌아가는 선택인 겁니다. 엔지니어링 업무를 담당하다보면 내 설계가 갖는 극한의 운영 조건을 잘 알고 있기 때문에, 업무를 성공시키지 못했을 때 실패의 특징과 이전 연구를 연결시켜 실패 요인이 무엇이었는지 추측해볼 수 있습니다. 이와 같이 개인적으로 잘 맞지 않는 페인팅 기법을 마주할 때, 저는 그 실패의 메커니즘이 무엇인지 객관적으로 짚어낼 수 있습니다. 하지만 예술은 이러한 정밀한 분석 그 이상의 것이죠. 필자 또한 그렇게 현학적인 편은 아니지만, 개인적으로 예술과 지식 및 공학이 기술이 주는 편안함 그리고 불편함 가운데서 결국에는 성장할 수 있기를 바랍니다. 그렇다고 독자들에게 이러한 경계를 완전히 허물어야 한다고 권유하는 것은 아닙니다. 이번 챕터에서 배우고 싶은 부분을 원하는 만큼 실험해본 뒤 복귀하면 됩니다. 어느 단계에 있든 당신이 이 여정을 꾸준히 진행한다면, 제 응원이 늘 함께할 겁니다.

↻ 움베르토 마룸
무제(Untitled)
프로크리에이트

"한 주 동안 드라이브나 산책을 하면서 5분에서 10분 정도를 투자해 동일 페이지에 섬네일 시리즈를 작업해요. 기회가 되면 섬네일을 제작했던 한 곳을 골라 다시 가서 보다 정교한 작업으로 발전시켜요."

혼합 매체

수년간 예술가들은 연필, 수채화, 아크릴, 크레용, 콜라주 그리고 기타 다양한 조각적 요소를 혼합해서 흥미로운 질감의 작품을 제작해왔습니다. 이러한 혼합매체는 단일매체가 할 수 있는 것보다 더 많은 감정을 불러일으킵니다. 여기에 디지털 매체를 추가하는 것은 어떨까요? 저는 가장 간단한 전통 매체와 디지털 매체의 혼합은 프로크리에이트와 잉크를 섞는 거라고 생각합니다. 먼저 선 스케치 이미지(사진)를 레이어로 가져옵니다. 이 위에 선택 툴을 활용해서 배경 영역을 지정한 뒤 그 부분을 지우거나, 선 스케치 영역을 지정해서 다른 레이어로 옮깁니다. 선 스케치 밑에 다른 레이어를 더 추가하면 선 스케치 윤곽선 아래로 색을 칠할 수 있고, 선 스케치 위로 레이어를 추가하면 뛰어난 캘리그라피나 다른 디지털 스케치 등을 추가할 수 있습니다.

🎧 a

a는 레이어에 가져온 원본 사진 이미지입니다.
b는 배경을 지운 상태입니다. c는 원본 사진 레이어 밑에 레이어를 추가 생성해서 채색한 모습입니다. 추가로 맨 위에 선 표현을 강조한 d가 최종 작품입니다.

Key 5 도구 활용하기 | 75

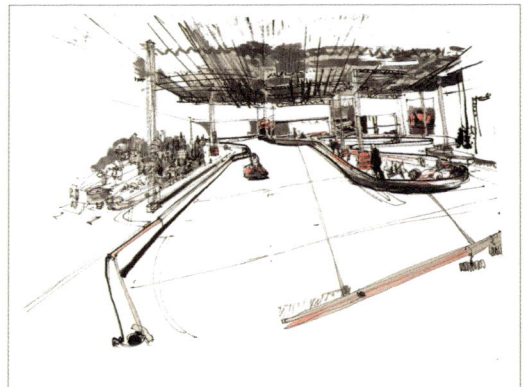

🎧 b

🎧 c

🎧 d

왜곡하기

'왜곡'이라는 용어는 약간 부정적인 의미를 함축하고 있습니다. 이제 **왜곡 (Distort)** 툴을 이와 같이 '목적을 위한 수단'으로 활용해보고자 합니다. 엄청난 구름과 구름 사이 극명한 색채 대비를 포착하고자 아래의 스케치를 제작했습니다. 하지만 1차원적인 선형 표현은 가운데에서 부풀어 오르도록 왜곡시켜 표현하는 것만큼 임팩트가 없습니다. 직접 실험해보려면 변환 툴을 터치하고 아래 나타나는 옵션들을 활용해보세요. 개인적으로 **왜곡**이나 **뒤틀기(Warp)** 모드를 주로 활용합니다. 왜곡 모드로는 가장자리 부분을 왜곡시킬 수 있고, 뒤틀기 모드로는 선택한 레이어 상에서 중간점들을 이동시켜 형태를 변형할 수 있습니다.

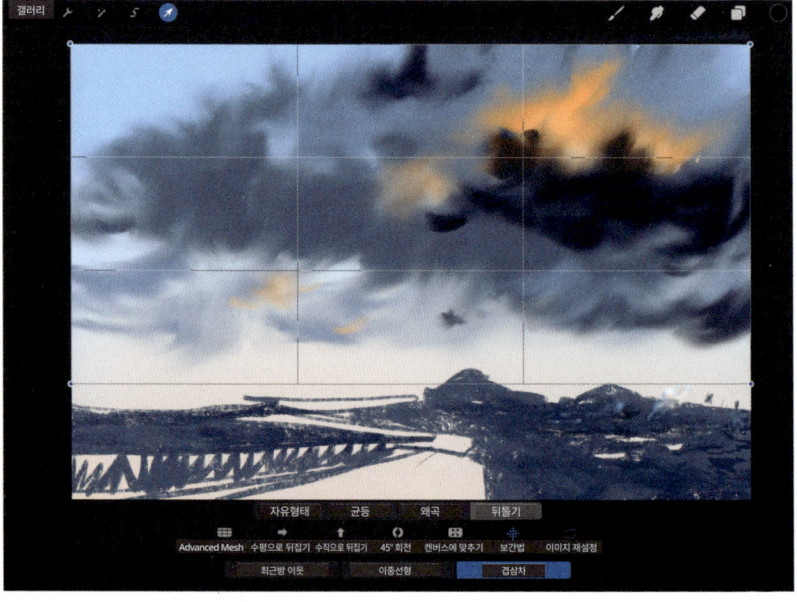

🎧 약간의 왜곡을 적용한 예로, 구름의 무게감을 적절히 표현해줄 필요가 있습니다.

Key 5 도구 활용하기 | 77

🎧 우마 켈커

요세미티 국립공원 터널뷰
(Yosemite Tunnel View)
프로크리에이트

🎧 우마 켈커

요세미티 가족여행(Family Trip to Yosemite)
프로크리에이트

내 하루를 공유하고는 싶은데 있는 그대로 재현한 드로잉은 싫다면? 방법이 있습니다. 아침에 그린 스케치를 저녁에 그린 스케치에 맞게 왜곡시켜 보세요. 여기에 다른 규칙은 없습니다. 그저 즐기기만 하면 됩니다.

연습

빨랫줄에 건조되어있는 수건을 그리고 수건의 직물 무늬까지 표현해보세요. 왜곡 기능을 사용해서 거센 바람에 휘날려 위쪽으로 날아가는 수건의 형태를 만들어보세요.

◑ **스티브 크라펙**
건설현장 일지(Diary of a Construction Site)
프로크리에이트

스티브는 몇 개월에 걸쳐 이러한 장면을 포착했고 건설 현장을 꾸준히 확인한 뒤, 최신 상황을 전달하는 콜라주를 제작했습니다.

TIP: "디지털 콜라주 작업을 하기 위해 크기 조정이나 이동하기 기능을 활용해요. 또 원하는 만큼 많은 레이어를 사용해서 그림을 크게 그리죠. 드로잉을 마치면, 모든 레이어를 그룹해서 '스케치 1'이라고 저장해요. 이후 새로운 레이어를 추가 생성해서 또 다른 드로잉을 시작해요. 콜라주 작업을 시작하려면, 개별 레이어의 비율을 조정하듯 레이어 그룹들의 비율을 조정하면서 작업해요." -스티브 크라펙

크고 복잡한 형태의 작업

수채화는 보통 이전에 사용한 색과 정확히 똑같은 색을 만드는 것이 현실적으로 불가능합니다. 하지만 고정된 컬러의 팔레트가 준비되어 있고, **컬러 픽커(Color Picker)** 툴이 있는 태블릿을 활용하면 똑같은 색을 적용하는 것은 식은 죽 먹기죠. 이러한 기능을 이용하면 복잡한 장면을 며칠 동안 연속적으로 작업한다고 해도 쉽게 채색할 수 있습니다. 아래의 스케치는 하루에 1시간씩 이틀 동안 작업한 겁니다. 프로크리에이트의 컬러 매칭, 크기 조정, 이동, 색 혼합, 페인팅, 드로잉, 선택 툴 등의 기능을 활용해서 완성했습니다.

🎧 **우마 켈커**

시카고의 로비(Chicago Foyer)
프로크리에이트

모든 매체를 위한 구성적 도구로서의 태블릿

매체는 변화했지만 디자인 요소들은 그대로입니다. 모든 디지털 드로잉 어플은 스케치의 특정 부분 복사를 포함한 레이어 복사 기능을 가지고 있습니다. 저는 다음번 작업에서 같은 실수를 반복하지 않고, 디지털 드로잉을 개선하기위해 여러 실험을 해보다 우연히 발견한 방법들을 체화하고자 기존 작품을 복사한 레이어 위에 다양한 시도를 해보곤 합니다.

거리감 표현을 위한 블러 처리

복사/붙여넣기 기능을 활용하여 같은 스케치를 담은 3개의 복사본을 만들었습니다. 다음 이 3개의 복사본을 담은 레이어를 복사했습니다. 복사된 각 레이어에 블러 툴을 활용해서 내가 원했던 효과들과 이러한 효과의 장단점이 무엇인지 파악했습니다.
우리는 멀리 떨어져있는 물체일수록 덜 선명하게 보인다는 것을 알고 있습니다. 이 때문에 산맥을 인위적으로 흐릿하게 표현하면 스케치에 거리감을 나타낼 수 있습니다(82쪽).

집중시키기 위한 블러 처리

원하는 지점에 시선을 집중시키려면 작품에서 서포트 역할을 하는 부분의 디테일을 의도적으로 생략하면 됩니다. 하지만 이 점을 잊어버리고 여러 세부사항을 표현하는데 과하게 몰두할 때가 종종 있습니다. 블러 툴은 이러한 경우에도 유용합니다. 드로잉의 본질은 잃지 않으면서 디테일 표현을 톤다운 시킬 수 있기 때문입니다.

"묘사하려는 장면의 너비를 담아낼 수 있는 크기의 캔버스를 선택했어요. 캔버스 크기는 드로잉을 시작하기 전에는 언제든지 변경할 수 있거든요. 캔버스의 크기가 클수록 많은 픽셀을 저장해요. 각 레이어마다 많은 픽셀을 저장해야 하기 때문에 드로잉 어플의 메모리 저장 용량에 따라 추가 생성할 수 있는 레이어 수가 제한돼요."

⊃ 우마 켈커

구성적 도구로서의 블러 툴
(Blur as a Compositional Tool)
프로크리에이트

산들을 흐릿하게 표현해서 구도 상 거리감이 발달합니다.

원본 그림

흐릿함 때문에 초점이 생깁니다.

초점과 거리감 표현을 위한 명도 조절

위 그림은 야외에서 작업한 일반적인 페인팅 중 하나입니다. 태블릿으로 사진을 찍은 다음 레이어로 가져온 작업입니다. 선택 툴을 이용해서 페인팅의 일부를 잘라낸 뒤, 다른 레이어로 옮겼습니다. 중경에 초점을 잃지 않으면서 배경, 중경, 전경 사이의 명도차를 원하는 대로 표현하기 위해 각 레이어에서 불투명도를 조절해가며 작업할 수 있었습니다.

이외 유용한 기능들

일부 어플은 작업을 녹화해서 영상으로 편집하는 기능을 제공하기도 합니다. 이러한 영상을 파일로 내보낼 수 있고, 유튜브나 다른 온라인 커뮤니티에 업로드 할 수도 있습니다. 영상을 제작하는 것이 이 책의 목적은 아니지만, 처음부터 끝까지 어떻게 스케치를 완성해나가는지 다른 사람의 작업 영상을 참고하는 것은 유익할뿐더러 재미도 있을 겁니다.

섬네일 툴

페인팅 준비작업의 일환으로 단색 또는 컬러 섬네일을 제작해보세요. 제작한 섬네일을 복사해서 여러 가지 변화를 준 뒤, 섬네일들을 나란히 보면서 비교해보세요.
움베르토와 호세는 모두 아이패드로 농담 스케치를 제작합니다. 농담 스케치는 색채 구성을 어두움, 밝음, 중간 톤의 세 가지 명도로 나누어 작품의 조화를 탐구하는 작업 방식입니다. 조화로운 섬네일은 제작하는데 사용된 매체의 추가적인 발전 사항을 보여주기도 합니다.

➲ 롭 스케처맨
뉴욕 하이라인(High Line NYC)
프로크리에이트

🎧 호세 P. 유리나
마드리드 공항(Madrid Airport)
프로크리에이트

➲ 움베르토 마룸
농담 스케치(Notan Sketches)
프로크리에이트

Key 5 도구 활용하기 | 85

갤러리1

도시풍경
실내

◐ 우마 켈커
게임이 시작됐다!(The Cricket Match Is On!)
프로크리에이트

◐ 휴고 코스타
맨해튼 아파트 인테리어(Apartment Interior – Manhattan)
어도비 스케치

롭 스케처맨

건강이 나아지길 기다리며(Waiting for Better Health)
프로크리에이트

폴 히스톤

세인트 막스 커피숍(St Mark's Coffee House)
프로크리에이트

"실내와 실외를 한 번에 보여줄 수 있는 장면을 선호해서 세인트 막스의 커다란 창고형 창문 옆에 자리를 잡고 스케치를 제작했어요. 오른쪽 끝에 보이는 어두침침하고 바쁜 카페 내부가 왼쪽 바깥에 주차된 자동차들 및 나무 가지들과 비대칭적으로 대비되는 모습이 흥미롭게 다가왔거든요."

🎧 폴 히스톤

휘티어 카페(Whittier Cafe)
프로크리에이트

🔊 우마 켈커

이케아(IKEA)
프로크리에이트

갤러리2

도시풍경
야외

🎧 **스티브 산도발**

주유소(Gas Station)
프로크리에이트

"특별할 것 없는 일상적인 장면을 흥미롭게 만들어내는 데 이상하게 집착해요. 이를 바탕으로 색채를 과장하고 로스트 앤 파운드 엣지[3]로 파스텔 같은 느낌을 내면서 보다 특징 있는 화면을 구성할 수 있었어요."

◑ 우마 켈커

시카고(Chicago)
프로크리에이트

로스트 엣지는 소프트 엣지라고도 불리며 형태의 윤곽선(면과 면, 선과 선이 만나는 부분)이 부드럽게 블렌딩 되면서 넘어가는 드로잉 방법을 뜻합니다.
파운드 엣지는 하드 엣지라고도 불리며 윤곽선을 뚜렷하게 구분하고, 극명한 대비를 이루도록 하는 드로잉 방법입니다. -옮긴이

🎧 롭 스케처맨

성완의 가게들(Sheung Wan Stores)
프로크리에이트

"북적거리는 이 동네는 어반 스케처스(Urban Sketchers)가 주최하는 '홍콩 스케치워크'에서 주목했던 곳으로 건어물 쇼핑지로 유명해요. 일요일 아침인데도 불구하고 길가에는 쇼핑하는 사람들로 가득했고 배달원들이 쉴 새 없이 거리를 지나고 있었죠."

GALLERY 2 야외 도시풍경 | 93

🔵 돈 로우

캄퐁 글램(Kampong Glam)
프로크리에이트

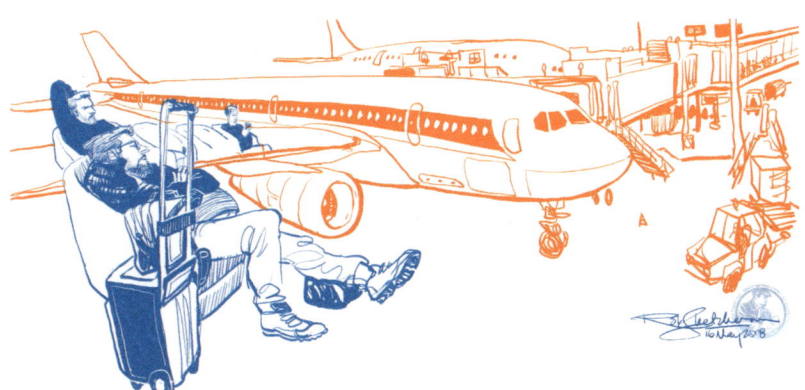

🎧 롭 스케처맨

싱가포르 공항(Singapore Airport)
프로크리에이트

"비행기 탑승 전, 비교적 짧은 시간에 한 장면을 포착하려면 선과 간단한 색 배합만을 사용해서 작업하는 것이 용이해요."

🎧 무티아라 시닌타

발모랄 비치(Balmoral Beach)
프로크리에이트

🎧 셰일라 R. 푸트리

무제(untitled)
프로크리에이트

"여러 가지 재료, 가스레인지, 양념들, 케이블 등 카트 안쪽의 디테일을 포착할 수 있는 이 각도를 좋아해요. 엉망이긴 하지만 있는 그대로의 모습을 볼 수 있거든요."

⊃ 셰일라 R. 푸트리

히드로 공항 이용객 1
(Heathrow Airporters 1)
프로크리에이트

"런던 히드로 공항으로 가는 길에 작업한 거예요. 목적지까지 매우 오래 걸렸기 때문에 사람들의 몸짓을 포착하면서 시간을 보냈어요. 심지어 내 앞의 커플이 아시아로 휴가를 떠나는 이야기까지 우연히 들을 수 있었죠. 대중교통을 이용하면 언제나 인간미 넘치는 모습을 찾아볼 수 있어요."

∪ 우마 켈커

네덜란드의 최고(Best of The Netherlands)
프로크리에이트

⊃ 휴고 코스타

발레시아 반까하 문화센터(Centro Cultural Bancaja – Valencia)
어도비 스케치

갤러리3
풍경화

🎧 우마 켈커

캘리포니아의 봄
프로크리에이트

🎧 **우마 켈커**

알메이든 호수 공원(Almaden Lake)
프로크리에이트

"교통체증으로 갇혀있을 때였어요. 씩씩대며 운전하느냐, 아니면 잠깐 차를 세우고 그림을 그리면서 막힌 도로가 뚫리기를 기다렸다 다시 출발하느냐는 선택권이 있었어요. 아이패드만 있으면 스튜디오 전체를 휴대하는 것과 같아요. 그리고 아이패드는 이렇게 내가 낙담할만한 순간에도 불쑥 나타나 실력을 발휘하죠."

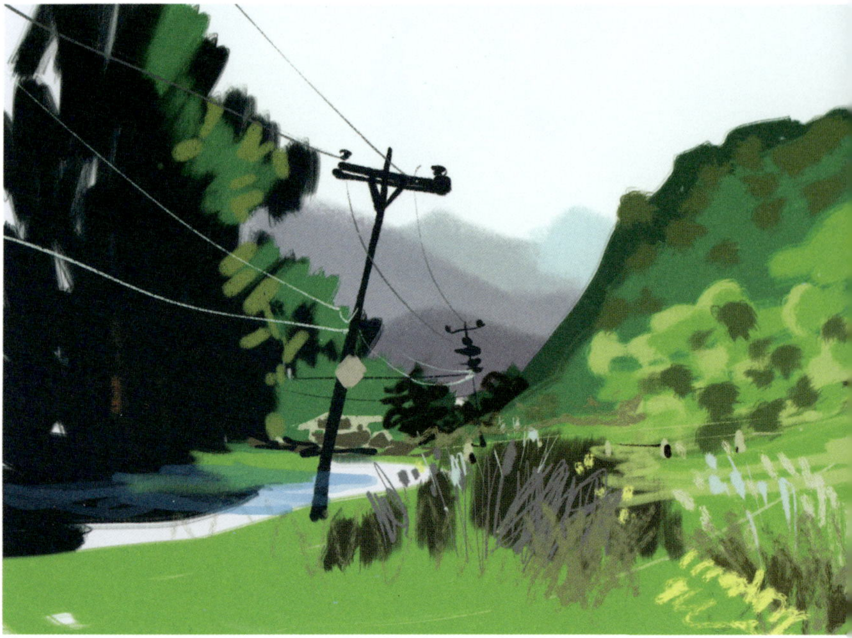

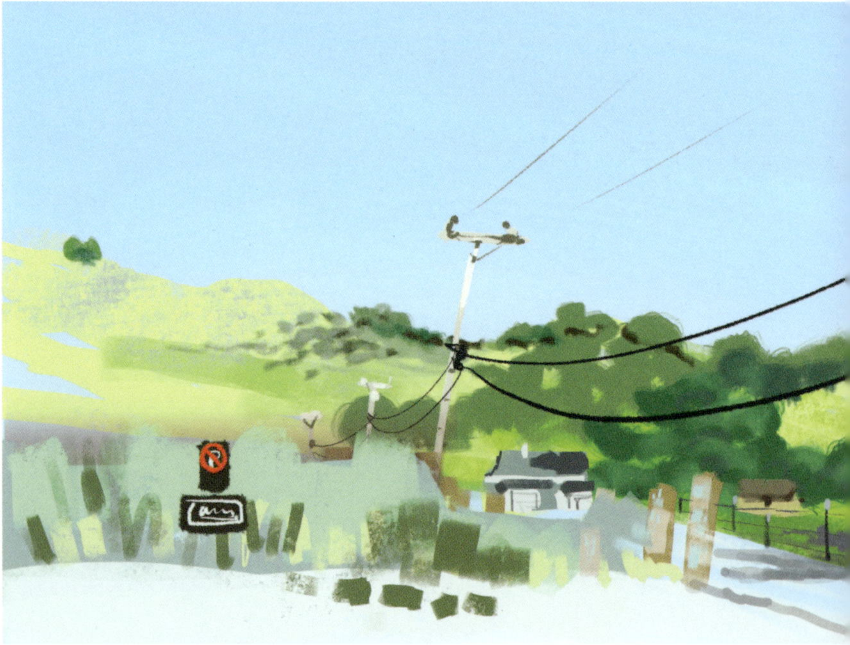

↶ 우마 켈커

포르티니 길 1(Fortini Trail 1)
프로크리에이트

∩ 우마 켈커

알메이든(Almaden)
젠 브러시

"젠 브러시 2를 성공적으로 활용하려면 속도를 늦춰야 해요. 애플은 '젠 브러시'라는 명칭의 의미대로 작동하죠. 젠 브러시는 단 하나의 레이어와 두 가지 색만을 허용하며, 실행 취소 기능도 제한하는데 이를 통해 화면을 단순화시키는 방법을 배우게 돼요. 중국의 전통적인 붓과 먹을 이용한 페인팅 스타일에 가장 가깝게 표현할 수 있기 때문에 개인적으로 굉장히 선호하는 어플이에요."

↶ 우마 켈커

포르티니 길 2(Fortini Trail 2)
프로크리에이트

⊂ 우마 켈커

로테르담(Rotterdam)
프로크리에이트

🎧 롭 스케처맨

팻의 아름다운 정원(Pat's Beautiful Garden)
프로크리에이트

🎧 안드레이 말리크

무제(Untitled)
프로크리에이트

🎧 안드레이 말리크

상트페테르부르크 루미안트세바 공원
(Rumyantseva Park St. Petersburg)
프로크리에이트

🎧 안드레이 말리크
토크소바의 여름 풍경
(Summer Landscape, Toksovo)
프로크리에이트

안드레이는 여러 실험을 통해 대형 유화 작품의 느낌이 날 때까지 풍경화 작업을 지속합니다. 그는 정확한 표현보다는 분위기를 포착하는 예술가입니다.

참여작가

Ananda Cansino Aran
Spain
www.anandaaran.com

Andrey Malykh
Russia
www.instagram.com/
barindoma

Don Low
Singapore
www.donlow-illustration.com

Enrique Ferrando Perez
Spain
www.instagram.com/
eferrandoperez

Gabi Campanario
USA
instagram.com/
gabicampanario

Hugo Barros Costa
Spain
www.instagram.com/
yolahugo

Humberto Marum
Australia/Portugal
www.instagram.com/
maun_marum

Jose Pablo Ureña
Costa Rica
www.instagram.com/
jpurbansketches

Kate Barber
USA
www.instagram.com/
kate5667

Kavya Shankar
USA
www.instagram.com/
kavyasart

Mutiara Cininta
Indonesia
www.instagram.com/
mutiaracininta

Omar Jaramillo
Germany
www.instagram.com/
omar_paint

Patricia Gaignat
USA
reclinerart.wordpress.com

Paul Heaston
USA
www.instagram.com/
paulheaston

Rob Sketcherman
Hong Kong
www.sketcherman.com

Robert A. Laine
United Kingdom
robertlaine.artweb.com

Severine Comet Daage
France
www.sevthequeen.com

Shari Blaukopf
Canada
www.shariblaukopf.com

Sheila R. Putri
Indonesia
www.instagram.com/
sheilasplayground

Steve Krapek
USA
www.instagram.com/
steve_krapek

Steve Sandoval
USA
www.instagram.com/
sketchinsteve

Urmila Menon
Hong Kong
www.instagram.com/
urmimenon

감사의 말씀

책에 작품을 게재할 수 있도록 허락해 준 예술가들에게 진심으로 감사드립니다. 이들의 작품 덕분에 책의 콘텐츠가 한층 더 깊어졌고, 매력 또한 높아졌습니다. 어반 스케처스의 창시자이자 전 세계 스케처들을 지원하는 시스템을 구축한 가비 캄파나리오에게도 감사를 드립니다. 가비는 누구보다 현실적이고 추진력 있는 콰트로 출판사의 메리 앤 홀 편집장에게 나를 소개시켜 주기도 했습니다. 전문성 있는 통찰력과 도움을 준 데이비드 마티넬에게도 감사를 표합니다. 항상 저에게 영감을 주고 지지해주는 어반 스케처스 커뮤니티에게도 특별히 감사의 말을 전하고 싶습니다.

마지막으로 언제나 든든한 버팀목이 되어주는 마헤쉬와 나의 사랑스러운 아이들 애린과 아라브에게도 감사를 전합니다. 가족들은 항상 내가 하고 싶은 일을 할 수 있게 응원해주고, 예술에 대한 집착이 일상생활로 융화될 수 있도록 해주었습니다.

작가 소개

우마 켈커는 예술가이자 엔지니어로 가족과 함께 캘리포니아 산 호세에 거주하고 있다. 인도 출신인 그녀는 십대시절부터 그림을 시작했고, 아이들을 대상으로 주말 무료 수업을 진행하기도 했다. 켈커는 16년의 공백기를 거친 뒤 다시 예술 활동을 재개했고, 그 이후로는 한 번도 미술에 대한 열망을 멈추지 않았다. 또한 어반 스케처스의 국제 심포지엄이나 프로그램을 통해 국내 및 해외에서 워크숍 강연을 진행하고 있다. 켈커의 생활방식은 공학 분야의 일과 늘어가는 미술 작업을 병행하는데 중점을 두고 있다. 진정한 멀티테이너를 추구하는 그녀는 엔지니어이기 때문에 더 나은 예술가가 될 수 있고, 예술가이기 때문에 더 나은 엔지니어가 될 수 있다고 믿는다.

역자 소개

허보미

홍익대학교 예술학과 졸업 후 서울대학교 대학원 미술경영학과를 수료하였으며, 한국외대 통번역대학원 재학 중이다. 현재 번역에이전시 엔터스코리아에서 출판 기획 및 번역가로 활동 중이다. 역서로는 『제품 디자인 스케치 바이블 : 제품 디자이너를 위한 드로잉과 렌더링 교과서』, 『세계 문화 여행: 덴마크 : 세계의 풍습과 문화가 궁금한 이들을 위한 필수 안내서』, 『인상주의(출간 예정)』가 있다.